일빵빵 + 말머리붙잡기 영어단어

일빵빵 +
말머리붙잡기 영어단어

초판 1쇄   2013년 9월 1일
초판 14쇄 2021년 8월 30일

저 자 | 서장혁
연구제작 | 일빵빵어학연구소 / 서장혁
펴 낸 이 | 일빵빵어학연구소
펴 낸 곳 | 토마토출판사
표 지 | 토마토출판사 편집부
본 문 | 토마토출판사 편집부
주 소 | 서울특별시 마포구 양화로 161 케이스퀘어 727호
T E L | 1544-5383
홈페이지 | www.tomato4u.com
등 록 | 2012. 1. 11.

* 값은 커버에 표시되어 있음.
* 이 책은 국제저작권법에 의해 보호받으므로
어떠한 형태로든 전재, 복제, 표절할 수 없음.
Copyright 2021 by 토마토출판사

일빵빵
✚
말·머·리·붙·잡·기
영어단어

**토마토
출판사**

Thanks to...

큰 힘이 되어주신 팟캐스트 방송 청취자분들께
감사드립니다.

첫 장을 펼치며

- 단어가 어려워 보여서 못 외우시나요?
- 단어가 길어 보여서 늘 잊어버리시나요?

영어 단어는 짧은 어근으로 이루어진 경우가 많습니다. 그 어근을 이해하지 못하면 자칫 단어 자체가 큰 벽으로만 느껴지기 쉽습니다.

단어의 어근을 하나하나 이해하면서, 우리가 늘 어렵게 느꼈던 단어 암기를 놀라울 정도로 쉽게 접근하는 방법을 배우게 되실 것입니다.

* 장을 펼치기 전에 이제부터 이 두 가지만 기억합시다.
- 영어 단어는 길수록 유추하기 쉽다.
- 외우지 않아도 몇 개의 어근으로 해석이 가능하다.

그럼 이제부터 저희와 함께 영어 단어 때문에 애를 먹었던 여러분의 고민을 풀어보시기 바랍니다.

공부하는 방법
HOW TO STUDY

혼자 공부할 때 혼자 공부를 하더라도 보다 효율적이고 쉽게 정리할 수 있도록 어근 정리를 총망라해 놓았습니다.

1   7주 동안 완성하도록 프로그램이 짜여져 있습니다.
      계획 수립 후 날짜에 맞춰 꼬박꼬박 외우시기 바랍니다.

2   어근(말머리)의 의미와 원어민 발음을 따라하면서 외우세요.
      7주 후에는 단어를 보는 여러분의 눈이 달라져 있을 것입니다.

명 = 명사   **대** = 대명사   **동** = 동사   **부** = 부사   **형** = 형용사   **전** = 전치사   **조** = 조동사
접 = 접속사   **감** = 감탄사   **동** = 동의어   **반** = 반의어

강의를 들을 때

일빵빵의 모든 강의는
일빵빵 공식 유튜브 채널을
통해 무료로 들을 수 있습니다.

유튜브 검색창에 "일빵빵"을 검색해서 강의를 청취하세요.

일빵빵 공식 페이스북 | www.facebook.com/ilbangbang
일빵빵 공식 트위터 | www.twitter.com/ilbangbang
일빵빵 공식 인스타그램 | '일빵빵' 검색
일빵빵 공식 유튜브채널 | '일빵빵' 검색

* 새로 추가된 더 많은 강의 청취를 원하시면 Let's 일빵빵 어플을 통해 청취하실 수 있습니다.

1주	p.12 - 37
2주	p.40 - 67
3주	p.70 - 95
4주	p.98 - 127
5주	p.130 - 159
6주	p.162 - 189
7주	p.192 - 223

ab	af	ap
ac	ag	as
ad	ah	at

1주

en	for	in
em	fore	im
enter	flu	il
equ	gene	ir
eu	geo	infra
ex	hemi	inter
exo	hetero	intra
exter	homo	intro
extra	hypo	iso

4주

kilo	mal	new
kine	man	neuro
lin	micro	non
lum	mid	num
lun	mill	
macro	mis	
mag	mono	
mega	multi	
megal	neo	

5주

ambi	cent
an	circum
ante	co
anti	col
auto	com
be	con
bene	cor
bi	contra
by	counter
bio	

2주

de	dif
deca	dys
deci	e
demi	ec
dor	ef
di	es
duo	
diplo	
dis	

3주

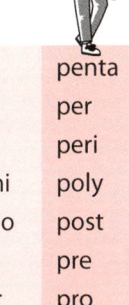

ob	penta	re
of	per	retro
op	peri	
omni	poly	
ortho	post	
out	pre	
over	pro	
para	pros	
ped	proto	

6주

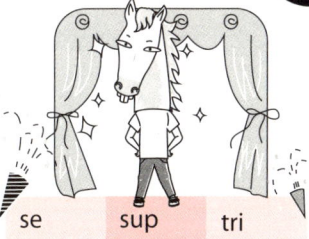

se	sup	tri
self	sus	trans
semi	super	thermo
sole	supra	un
sound	sur	uni
sphe	sym	vice
sub	syn	ver
suf	tele	with
sug	tetra	

7주

week 1

일빵빵 + 말·머·리·붙·잡·기·영·어·단·어

(away, from)
멀리, 떨어진, 없(애)는, 줄이는

ab + **road** = **abroad**

멀리 / 길 / 외국으로, 해외로

ab + **normal** = **abnormal**

멀리 / 정상의, 보통의 / 정상이 아닌, 변태의

abandon
[əbǽndən]

동 (사람・나라・장소・지위 등을) 하는 수 없이 버리다, 버려 두다, 단념하다
- *abandon* my home : 하는 수 없이 생가를 버리다

abate
[əbéit]

동 수를 줄이다, 값을 내리다, (세를) 낮추다, (고통을) 덜다
- *abate* the price : 값을 내리다

abbreviate
[əbríːvièit]

동 생략하다, 단축하다, 요약하다
- *abbreviate* 'verb' to 'v' : 'verb'를 'v'로 줄이다

abbreviation
[əbrìːvéiʃən]

명 생략, 생략형

abdicate
[ǽbdikèit]

동 (권리 등을) 버리다, 포기하다, 양위하다
- *abdicate* the throne : 왕위에서 물러나다

abhor
[əbhɔ́ːr]

동 몹시 싫어하다, 혐오하다
- ab + hor(ror) = 너무 싫어해서 멀리 떨어지다

abject
[ǽbdʒekt]

형 비참한, 야비한, 절망적인
- *abject* poverty : 비참한 가난

abnormal
[æbnɔ́ːrml]

형 보통과는 먼, 정상이 아닌
- ab + normal = 정상과는 거리가 먼

abridge
[əbrídʒ]

동 단축하다, 요약하다
- ab + (b)ridge = 다리가 거리를 단축하듯이 양쪽을 요약하다

aboard
[əbɔ́ːrd]
분 배를 타고, 승선하는
- ab + (b)oard = 배 갑판에 올라 멀리 떠나는

abolish
[əbáːlɪʃ]
동 폐지하다
- *abolish* censorship : 검열제를 폐지하다

abolition
[æbəlíʃən]
명 (법률, 습관 등의) 폐지, 철폐
- Abolition : (미국) 노예 제도 폐지

abominate
[əbámənèit]
동 지겨워하다, 혐오하다, 질색하다
- *abominate* dancing : 춤추는 것을 질색하다

abort
[əbɔ́ːrt]
동 유산하다, 낙태하다, 임신 중절하다
- 동 miscarry : 유산하다

abortion
[əbɔ́ːrʃn]
명 유산, 낙태, 임신 중절
- 동 miscarriage : 임신 중절, 낙태

abrasive
[əbréisiv]
형 닳게 하는, 마찰을 일으키는, 짜증나게 하는
- an *abrasive* voice : 거슬리는 목소리

abroad
[əbrɔ́ːd]
분 외국으로, 해외로
- ab + road = 길을 따라 외국으로 멀리

absent
[ǽbsənt]
형 부재의, 결석의
- 반 present : 출석한

absence
[ǽbsəns]

명 부재, 결석, 결근
반 presence : 출석, 참석

absolve
[æbzálv]

동 용서하다, 면제하다, (책임·의무를) 해제하다
- *absolve* a person of a sin : 죄를 사면하다

absolute
[ǽbsəlùːt]

형 완전무결한, 확실한, 순수한
- absolutely : 부 절대적으로, 단호히

absorb
[əbsɔ́ːrb]

동 흡수하다, 빨아들이다
- *absorb* shock : 충격을 완화하다

absorption
[əbsɔ́ːrpʃən]

명 흡수, 병합, 열중, 전념
- *absorption* in one's studies : 연구에 몰두함

abstain
[æbstéin]

동 그만두다, 삼가다
- *abstain* from food : 단식하다

abstract
[ǽbstrækt]

형 추상적인
반 concrete : 구체적인

absurd
[əbsɔ́ːrd]

형 불합리한, 부조리한, 터무니없는
- an *absurd* opinion : 터무니없는 의견

abuse
[əbjúːz]

동 (지위·특권·재능 등을) 남용하다, 오용하다, 혹사하다
- ab + use = 적당한 사용에서 멀어진

ac

(to, toward)
~향하여, ~더하여

ac	+	cess	=	access
향하다		가다 (go)		접근하다, 다가가다

ac	+	company	=	accompany
~더하여		모인 사람들, 교제		동반하다, 함께 가다

accelerate
[æksélərèit]

동 빨리하다, 가속하다, 촉진시키다
반 decelerate : 감속하다, 속력을 줄이다

accent
[æksent]

명 악센트, 강세

accept
[æksépt]

동 받아들이다, 수납하다, (제안을) 수락하다
- I *accept* your offer : 당신의 제안을 받아들입니다

access
[ǽkses]

명 접근, 면접, 출입
- *access* to sites : 웹사이트 접속

accessible
[æksésəbəl]

형 접근하기 쉬운, 가기 쉬운
- *accessible* information : 접근할 수 있는 정보

accident
[ǽksidənt]

명 사고, 재난, 재해, 우연한 일
- without *accident* : 무사히

accidental
[æksɪdéntl]

형 우연한, 뜻밖의
- an *accidental* death : 사고사

acclaim
[əkléim]

명 갈채, 환호 동 갈채를 보내다
동 applaud

accommodate
[əká:mədeɪt]

동 ~에 편의를 도모하다, 순응하다, 설비를 공급하다, 수용하다
- This hotel *accommodates* 1000 guests :
  이 호텔은 1000명을 수용한다

accompany
[əkʌ́mpəni]

동 ~를 동반하다
- I *accompanied* him to Japan : 나는 일본까지 그와 동행했다

accomplish
[əkʌ́mpliʃ]

동 이루다, 성취하다
- *accomplish* a task : 일을 완성하다

accord
[əkɔ́ːrd]

동 일치하다, 조화하다
- 반 discord : 일치하지 않다

accumulate
[əkjúːmjəlèit]

동 (조금씩) 모으다, (재산을) 축적하다
- *accumulate* a fortune : 재산을 모으다

accuracy
[ǽkjərəsi]

명 정확, 정밀, 정확성, 정밀도
- with *accuracy* : 정확하게

accurate
[ǽkjərit]

형 정확한, 정밀한
- an *accurate* description : 정확한 묘사

accuse
[əkjúːz]

동 고발하다, 비난하다
- *accuse* a person as a murderer : ~를 살인범으로 고발하다

accustom
[əkʌ́stəm]

동 익숙케 하다, 습관이 들게 하다
- *accustom* myself to : ~에 익숙해지다

achieve
[ətʃíːv]

동 (일·목적을) 이루다, 달성하다
- *achieve* a goal : 목표를 달성하다

achievement
[ətʃíːvmənt]

명 성취, 달성, 업적, 학력
- *achievement* need : 성취 욕구

acid
[ǽsid]

형 신맛의, 산성의
- 동 sour : 신, 시큼한

acknowledge
[əknɑ́ːlidʒ]

동 인정하다, 승인하다
- He *acknowledged* his fault : 그는 자신의 잘못을 인정했다

acquaint
[əkwéint]

동 (~에게) 숙지시키다, 알리다
- *acquaint* him with our plan : 그에게 우리 계획을 알도록 하다

acquaintance
[əkwéintəns]

명 지식, 면식, 아는 사이
- have an *acquaintance* with one's business :
  자기 일에 지식을 갖고 있다

acquire
[əkwáiər]

동 손에 넣다, 배우다, 획득하다
- *acquire* a bad habit : 나쁜 버릇이 붙다

acquirement
[əkwáiərmənt]

명 취득, 습득

acquisition
[ækwɪzíʃən]

명 취득, 획득, 습득

across
[əkrɔ́ːs]

부 전 가로질러서
- walk *across* the street : 길을 건너가다

ad

(to, toward)
~향하여, ~더하여

ad	+	vent	=	advent
~향하여		드러나다, 나오다		도래, 출현

ad	+	join	=	adjoin
~향하여		결합하다, 연결하다		인접하다, 이웃하다

adapt
[ədǽpt]

동 적합시키다, 적응시키다
- *adapt* oneself to a new life : 새 생활에 순응하다

add
[æd]

동 더하다, 합산하다, 가산하다
- *add* sugar to tea : 홍차에 설탕을 타다

addition
[ədíʃən]

명 추가, 부가물
- in *addition* to : ~에 더하여, 게다가

adequate
[ǽdikwət]

형 어울리는, 적당한, 충분한
- *adequate* food for 100 people : 100명에게 충분한 음식

adhere
[ædhíər]

동 부착하다, 고수하다
- *adhere* to a plan : 계획을 고수하다

adjacent
[ədʒéisənt]

형 접근한, 인접한
- in *adjacent* seat : 옆자리에

adjoin
[ədʒɔ́in]

동 접하다, ~에 인접하다
- The houses *adjoin* each other : 집들이 서로 접해 있다

adjourn
[ədʒə́:rn]

동 ~을 휴회하다, 연기하다
- *adjourn* the court : 재판을 휴정하다

adjust
[ədʒʌ́st]

동 맞추다, 조정하다
- ad + just = 근접하게 잘 맞추다

administer
[ædmínəstər]

동 관리하다, 지배하다, 베풀다
- *administer* funds : 기금을 운영하다

admire
[ædmáiər]

동 칭찬하다, ~에 감탄하다, 존경하다
- I *admire* your enthusiasm : 당신의 열정을 존경합니다

admission
[ædmíʃən]

명 입장(허가), 입장료, 승인
- applicants for *admission* : 입학 지망자

admit
[ædmít]

동 들이다, ~에게 입장을 허가하다
- ad + mit (이동하다) = 한쪽으로 들이다

adopt
[ədá:pt]

동 입양하다
- *adopt* a child : 양자를 들이다

adore
[ədɔ́:r]

동 숭배하다, 존경하다
- 동 worship : 숭배하다

adorn
[ədɔ́:rn]

동 꾸미다, 장식하다
- *adorn* a room with flowers : 방을 꽃으로 꾸미다

adult
[ædʎlt]

형 어른의, 성숙한 **명** 성인
- 동 grown-up

advance
[ædvǽns]

동 나아가게 하다, 촉진하다
- *advance* growth : 성장을 촉진하다

advantage
[ædvǽntidʒ]

명 이익, 편의
- **동** profit

advent
[ǽdvent]

명 도래, 출현
- the *advent* of a new age : 새 시대의 도래

adverse
[ædvə́:rs]

형 거스르는, 반대하는

adversity
[ədvə́:rsəti]

명 역경, 불행

advert
[ædvə́:rt]

동 주의를 돌리다, 언급하다 **명** (영국) 광고

advertise
[ǽdvərtaɪz]

동 광고하다, 선전하다
- *advertise* for a programmer : 프로그래머 모집 광고하다

advertisement
[ǽdvərtaɪzmənt]

명 광고, 선전
- an *advertisement* column : 광고란

advice
[ædváis]

명 충고, 조언
- advise : **동** 충고하다

advocate
[ǽdvəkit]

명 옹호자, 주창자
- an *advocate* of peace : 평화론자

af
(to, toward)
~향하여, ~더하여

af	+	firm	=	affirm
~향하여		굳은, 단단한		확인하다, 단언하다

af	+	fix	=	affix
~향하여		고정시키다		첨부하다, 붙이다

affect
[əfékt]
동 ~에게 영향을 주다, 악영향을 주다
- This will *affect* business : 사업에 영향이 있다

affection
[əfékʃən]
명 애정, 호의
⑧ feeling : 열의, 감동

affiliate
[əfílièit]
동 제휴하다 **명** 제휴 회사
- foreign *affiliate* : 외자계 기업

affinity
[əfínəti]
명 인척, 동족 관계, 친밀감
- *affinity* group : 동호인 단체

affirm
[əfɜ́:rm]
동 확언하다, 단언하다
⑧ assert : 단언하다, 역설하다

affirmative
[əfɜ́:rmətɪv]
형 확언적인, 긍정의, 찬성의
- an *affirmative* reply : 긍정적 답변

affix
[əfíks]
동 첨부하다, 붙이다
- *affix* a stamp : 우표를 붙이다

afford
[əfɔ́:rd]
동 ~의 여유가 있다, ~을 살 돈이 있다
- Can you *afford* a new car? : 새 차 살 여유가 되나요?

affront
[əfrʌ́nt]
명 무례, 모욕 **동** 모욕하다
⑧ offend : 불쾌감을 주다, 감정을 상하다

ag
ah

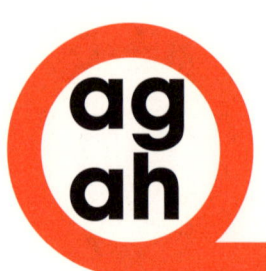

(to, toward)
향하여, ~더하여

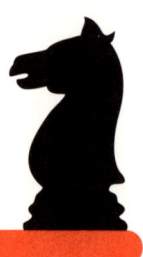

ag	+	greg	=	aggregate
~더하여		가다		모이다, 집합하다

ah	+	(h)ead	=	ahead
~향하여		머리		전방에, 앞에

aggravate
[ǽgrəvèit]

동 (좋지 못한 상황을 더욱) 악화시키다, 심하게 하다
- *aggravate* a wound : 상처를 악화시키다

aggregate
[ǽgrigèit]

동 (~을) 모으다, 집합시키다 명 합계, 총액
- *aggregate* demand : 총수요

aggressive
[əgrésiv]

형 공격적인
- an *aggressive* driver : 난폭 운전자

agitate
[ǽdʒətèit]

동 심하게 흔들어 대다, 선동하다
- *agitate* a crowd : 군중을 선동하다

agitation
[ædʒətéiʃən]

명 불안, 동요
- in *agitation* : 흥분한 나머지, 흥분 상태에서

agree
[əgríː]

동 동의하다, 찬성하다
- *agree* with him : 그에게 동의하다

agreeable
[əgríːəbəl]

형 기분 좋은, 유쾌한, 조화되는
- an *agreeable* change : 기분 좋은 변화

agreement
[əgríːmənt]

명 동의, 승낙, 협정
- an international peace *agreement* : 국제 평화 협정

ahead
[əhéd]

부 전방에, 앞에
- He is *ahead* of us : 그가 우리 앞에 있다

(to, toward)
~향하여, ~더하여

ap + **point** = **appoint**

~향하여 · 가리키다 · 임명하다

ap + **prove** = **approve**

~더하여 · 증명하다 · 승인하다, 지지하다

apology
[əpálədʒi]

명 사죄, 사과
- apologize : **통** 사과하다

appall
[əpɔ́:l]

통 섬뜩하게 하다
- ⑧ terrify : 겁나게 하다

appalling
[əpɔ́:liŋ]

형 섬뜩하게 하는
- in *appalling* conditions : 끔찍한 환경에서

apparel
[əpǽrəl]

명 의복, 의상 **통** 입히다
- sports *apparel* : 운동복

apparent
[əpǽrənt]

형 (눈에) 또렷한, 명백한
- ⑧ evident : 분명한, 명백한

appeal
[əpí:l]

통 (법률·양심·무력 등에) 호소하다
- *appeal* to the public : 여론에 호소하다

appear
[əpíər]

통 나타나다
- ⑧ seem : ~로 보이다, ~인 것 같다

appease
[əpí:z]

통 (사람을) 달래다
- *appease* one's anger : ~의 분노를 가라앉히다

appendix
[əpéndiks]

명 부록, 추가

appetite
[ǽpitàit]

명 식욕, 욕구
- loss of *appetite* : 식욕 감퇴

applaud
[əplɔ́:d]

동 성원하다, 기리다
- *applaud* for ~ : ~에 갈채를 보내다

appliance
[əpláiəns]

명 적용, 응용, 설비
- electrical *appliances* : 가전제품

applicant
[ǽplikənt]

명 응모자, 지원자
- job *applicant* : 취업 지원자

apply
[əplái]

동 신청하다, 적용하다, 응용하다
- *apply* for ~ : ~에 지원하다

appoint
[əpɔ́int]

동 지명하다, 임명하다, 정하다
- *appoint* a new secretary : 새 비서를 임명하다

appointment
[əpɔ́intmənt]

명 임명, 지명, 약속
- a dental *appointment* : 치과 진료 예약

appraise
[əpréiz]

동 (사람·능력 등을) 평가하다, (상황 등을) 인식하다
- *appraise* the value : 가치를 감정하다

appreciate
[əprí:ʃièit]

동 평가하다, 감정하다, 고맙게 여기다
- I *appreciate* your kindness : 친절에 감사합니다

apprehend
[æprɪhénd]
- 동 (상황을) 이해하다, 우려하다, 체포하다
  - *apprehend* an oilcrisis : 석유 위기를 우려하다

apprehension
[æprɪhénʃən]
- 명 염려, 불안, 판단
  - in my *apprehension* : 내가 보는 바로는

approach
[əpróutʃ]
- 동 ~에 가까이 가다, ~에 접근하다
  - A storm is *approaching* : 폭풍이 다가오고 있다

appropriate
[əpróuprièit]
- 동 (어떤 목적에) 충당하다 형 적합한, 적당한
  - an *appropriate* example : 적절한 예

approve
[əprúːv]
- 동 찬성하다, 입증하다
  - *approve* the bill : 예산안 승인하다

approval
[əprúːvəl]
- 명 승인, 찬성, 허가
  - prior *approval* : 사전 승인

approximate
[əprάːksɪmeɪt]
- 형 거의 근접한
  - *approximate* value : 근삿값

apt
[æpt]
- 형 ~하기 쉬운, 적절한
  - be *apt* to : ~하는 경향이 있는

aptitude
[ǽptitùːd]
- 명 경향, 습성, 소질
  - 동 talent : 소질, 적성

as (to, toward)
~향하여, ~더하여

as + **cend** = **ascend**

~향하여 / 가다 / 올라가다, 기어오르다

as + **certain** = **ascertain**

~더하여 / 자신하는, 확신하는 / 확인하다, 규명하다

ascend
[əsénd]
- 통 올라가다, 기어오르다
  - *ascend* to power : 권력에 오르다

ascent
[əsént]
- 명 상승, 등반
  - 반 descent : 하강, 하산

ascertain
[æsərtéɪn]
- 통 확인하다, 규명하다
  - 통 find : 알아내다, 발견하다

ascribe
[əskráib]
- 통 (원인·동기 등을) ~에 돌리다
  - *ascribe* success to good luck : 성공 원인을 행운에 돌리다

ashore
[əʃɔ́:r]
- 부 해변에, 물가에
  - swim *ashore* : 해안에 헤엄쳐 닿다

aspire
[əspáiər]
- 통 열망하다, 갈망하다
  - *aspire* to success : 성공을 갈망하다

assail
[əséil]
- 통 습격하다, 맞서다
  - 통 attack : 공격하다, 습격하다

assault
[əsɔ́:lt]
- 명 강습, 습격

assemble
[əsémbəl]
- 통 모으다, 집합시키다
  - 통 gather : 모으다, 수집하다

assembly
[əsémbli]

명 집회, 모임
- freedom of *assembly* : 집회의 자유

assent
[əsént]

동 동의하다, 찬성하다
- 동 agree : 동의하다

assert
[əsə́:rt]

동 신념으로 단언하다, 역설하다
- 동 affirm : 증거에 의해 주장하다

assign
[əsáin]

동 할당하다, 배당하다
- *assign* a duty : 임무를 부과하다

assignment
[əsáinmənt]

명 할당, 할당된 몫, 숙제
- 동 homework : 숙제

assist
[əsíst]

동 돕다, 거들다
- 동 help : 돕다

assistance
[əsístəns]

명 원조, 도움
- economic *assistance* : 경제 원조

assistant
[əsístənt]

명 조수

associate
[əsóuʃièit]

동 연합시키다, 참가시키다
- *associate* with large companies : 큰 회사들과 제휴하다

association
[əsòusiéiʃən]

명 연합, 결합
- in *association* with : ~와 제휴하여

assort
[əsɔ́:rt]

동 분류하다
- **동** classify : 분류하다, 등급으로 나누다

assume
[əsjú:m]

동 ~인 체하다, 추정하다, 추측하다
- **동** presume : 추정하다, 상상하다

assumption
[əsʌ́mpʃn]

명 가정, 억측, 가설, 추정
- on the *assumption* that : ~라는 가정 하에

assurance
[əʃúərəns]

명 보증, 보장, 확신
- **동** promise : 약속, 계약

assure
[əʃúər]

동 ~에게 보증하다, ~에게 보장하다
- as + sure = 확신을 더하다

astonish
[əstá:nɪʃ]

동 놀라게 하다
- *astonish* the world : 세계를 놀라게 하다

astound
[əstáund]

동 놀라게 하다, 아연실색케 하다
- **동** surprise : (깜짝) 놀라게 하다

astray
[əstréi]

부 길을 잃어
- go *astray* : 길을 잃다

at (to, toward)
향하여, ~더하여

at	+	tach	=	attach
~향하여, ~더하여		고리		붙이다, 달다

at	+	tune	=	attune
~향하여, ~더하여		곡조, 멜로디		조율하다, 조화시키다

attach
[ətǽtʃ]

동 붙이다, 달다
반 detach : 떼어내다, 분리하다

attack
[ətǽk]

동 공격하다
동 assail, assault : 공격하다, 습격하다

attain
[ətéin]

동 이르다, 도달하다
• *attain* one's aim : 목표를 이루다

attend
[əténd]

동 출석하다

attest
[ətést]

동 ~을 증명하다, 입증하다
• at + test = 증명을 통해 확실히 입증하다

attitude
[ǽtitjùːd]

명 태도, 마음가짐

attract
[ətrǽkt]

동 (주의·흥미 등을) 끌다, ~의 마음을 끌다
반 distract : (딴 데로) 돌리다

attribute
[ətríbjuːt]

동 (~의) 탓으로 하다 명 속성, 특징, 특질

attune
[ətjúːn]

동 조율하다, 조화시키다
• *attune* to ~ : ~에 맞추다

week 2

일빵빵 + 말·머·리·붙·잡·기·영·어·단·어

ambi (both, around)
~양쪽의, ~쌍방의

ambi + dextrous = ambidextrous
~양쪽의 / 솜씨 좋은 / 양손잡이의

an (without)
부재의, ~이 없는

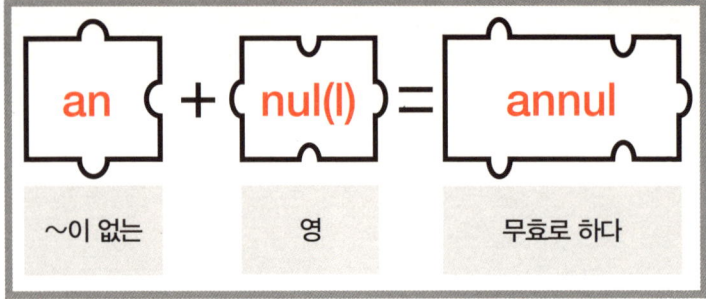

an + nul(l) = annul
~이 없는 / 영 / 무효로 하다

ambidextrous [æmbidékstrəs]	형 양손잡이의, 손재주가 비상한 • He's *ambidextrous* : 그는 양손잡이다
ambiguous [æmbígjuəs]	형 애매한, 두 가지 뜻으로 해석되는, 불명료한 • The report is *ambiguous* : 그 보고서는 표현이 애매하다
anarchism [ǽnərkìzəm]	명 무정부주의 • an + archism (정치 이념) = 정부 필요성이 없다고 생각하는 주의
anarchy [ǽnərki]	명 무정부 상태, 무질서 • moral *anarchy* : 도덕적 혼란
anemia [əníːmiə]	명 빈혈
anesthesia [æ̀nəsθíːʒə]	명 마취, 마비 • under *anesthesia* : 마취 상태인
annihilate [ənáiəlèit]	동 전멸시키다 • *annihilate* data : 데이터를 폐기하다
annul [ənʌ́l]	동 무효로 하다 • *annul* contract : 계약을 파기하다
anonymous [ənάːnıməs]	형 익명의 • *anonymous* death : 신원 불명자 사망

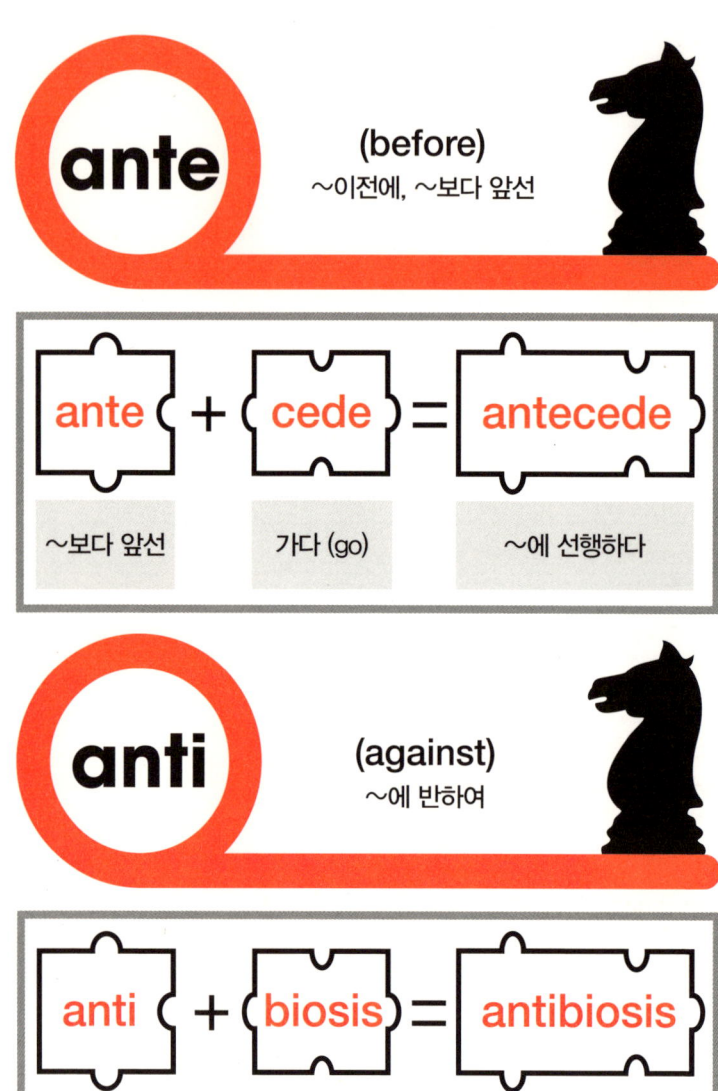

antebellum
[æntibéləm]

형 전쟁 전의
- ante + bellum (투쟁, 전쟁) = 전쟁 전의

antecede
[æntəsíːd]

동 ~에 선행하다
- Lightning *antecedes* thunder : 번개는 천둥소리보다 앞선다

antecessor
[æntəsésər]

명 전임자, 전 소유주, 선행자
- ante + cede (가다) + or (사람) = 앞서 가는 사람 즉, 전임자

antechamber
[æntitʃèimbər]

명 (큰 방으로 통하는) 작은 방, 대기실
- ante + chamber (방) = 방 앞에 딸린 작은 방

antedate
[æntidèit]

동 ~에 앞서다
- The cold weather *antedated* my departure : 추운 날씨가 내 출발을 앞당겼다

anterior
[æntíəriər]

형 전방의, 앞의
- *anterior* view : 전면도

antetype
[æntitàip]

명 원형
- ante + type = 형태 중에서 가장 앞선 원형

antibiosis
[æntibaióusis]

명 항생 작용
- anti + biosis (세균의 활동력) = 세균의 활동력을 억제하는 항생 작용

antidote
[æntidòut]

명 해독제
- an *antidote* for the poison : 독극물에 대한 해독제

(self)
스스로, 자동의

auto	+	alarm	=	autoalarm
스스로, 자동의		경보		자동 경보기

auto	+	cracy	=	autocracy
스스로, 자동의		주의, 이념		독재 정치

autoalarm
[ɔ́:touəlàːrm]

명 자동 경보기
- auto (self) + alarm = 스스로 울리는 경보기

auto-answer
[ɔ́:touǽnsər]

명 자동 응답 수신
- auto-answering : 자동 응답기

autobiography
[ɔ̀:təbɑiɑ́:grəfi]

명 자서전
- auto (self) + bio (life) + graphy (writing) = 자서전

autocar
[ɔ́:toukàːr]

명 자동차

autocracy
[ɔːtɑ́:krəsi]

명 독재 정치
- autocrat : 독재자

autograph
[ɔ́:təgræf]

명 친필, 서명
- He asked me for an *autograph* :
  그가 나보고 사인해 달라고 부탁했다

autoinfection
[ɔ́:touinfékʃən]

명 자가 전염
- auto (self) + infection (감염, 전염병) = 스스로 감염되는 증상

automatic
[ɔ̀:təmǽtɪk]

형 자동적인

automobile
[ɔ́:təməbìːl]

명 자동차

be (make, intensive)
~하게 하다, ~ 강화하다

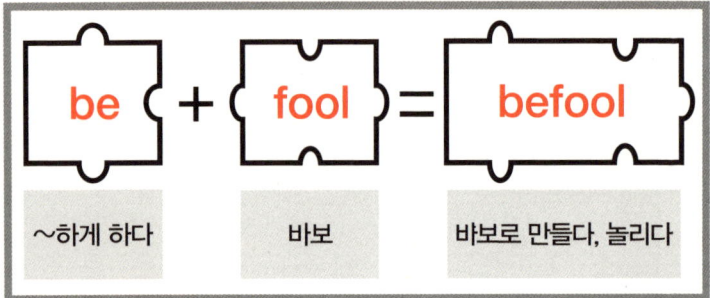

be (~하게 하다) + fool (바보) = befool (바보로 만들다, 놀리다)

bene (good, well)
좋은 선량한

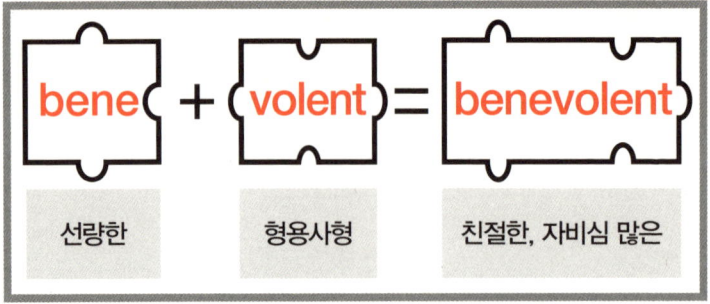

bene (선량한) + volent (형용사형) = benevolent (친절한, 자비심 많은)

becalm
[biká:m]

동 바람이 자서 (돛배를) 멈추게 하다
- be + calm (조용한) = 조용하게 만들다, 멈추게 하다

---

befool
[bifú:l]

동 놀리다, 조롱하다, 바보 취급하다
- There is a limit in *befooling* me : 나를 놀리는 데도 한계가 있지

---

beguile
[bigáil]

동 구슬리다, 끌다, 이끌다
- She *beguiled* her child with tales :
  그녀는 아이들을 이야기로 구슬렸다

---

belie
[bilái]

동 거짓으로 전하다, 속이다
- be + lie (거짓말하다) = 거짓으로 전하다, 속이다

---

beware
[biwéər]

동 조심하다
- be + ware (조심성 있는) = 조심성 있게 하다

---

benefaction
[bènəfǽkʃən]

명 은혜를 베풂, 선행
- the *benefaction* to the church : 교회에 대한 기부

---

beneficent
[bənéfəsənt]

형 인정 많은, 유익한
- He was a *beneficent* old man : 그는 자비심 많은 노인이다

---

benefit
[bénəfit]

명 이익
- This book was of much *benefit* to me :
  이 책은 내게 매우 유익했다

---

benevolent
[bənévələnt]

형 자비심 많은, 친절한
- He was so *benevolent* : 그는 매우 자비롭다

일빵빵 + 말·머·리·불·잡·기 영어단어

bi (two) 두 개의

bi + **cycle** = **bicycle**

두 개의   순환, 주기   자전거

bi + **lingual** = **bilingual**

두 개의   언어의   두 나라 말을 하는

biannual [baiǽnjuəl]	형 연 2회의, 반년마다의 • bi + annual (1년의) = 반년마다의, 1년에 2회의
bicentenary [bàisenténəri]	형 200년의 • bi + centenary (100년의) = 200년째의, 200주년 기념의
bicultural [baikʌ́ltʃərəl]	형 두 문화의 • bi + cultural (문화의) = 2개 문화의
bicycle [báisikəl]	명 자전거 • go on a *bicycle* : 자전거로 가다
bifocal [baifóukəl]	형 이중 초점의 • bi + focal (초점의) = 2개 초점의
bifunctional [baifʌ́ŋkʃənəl]	형 두 기능을 지닌 • bi + functional (기능의, 작용의) = 2개 기능을 가진
bilateral [bailǽtərəl]	형 양측의, 쌍방의 • bi + lateral (옆의, 측면의) = 양측의, 양측면의
bilingual [bailíŋgwəl]	형 두 나라 말을 하는 • She is *bilingual* in English and Spanish : 그녀는 영어와 스페인어 두 개 언어를 할 줄 안다
bisect [baisékt]	동 양분하다, 갈라지다 • bi + sect (나누다) = 둘로 나누다, 갈라지다

by

(beside)
곁에, 가까이에

by	+	path	=	bypath
곁에		길		샛길, 옆길

by	+	product	=	byproduct
곁에, 가까이에		산물, 생산품		부산물

bygone
[báigɔːn]

형 과거의, 지나간
- a **bygone** age : 구시대, 지나간 시대

bylaw
[báilɔː]

명 (지방의) 규칙, 조례, 부칙
- by + law = 주요 법 이외의 부칙이나 조례 등등

byline
[báilain]

명 필자 이름을 적은 행
- I check **bylines** before reading articles : 나는 기사를 읽기 전에 필자명을 체크한다

byname
[báineim]

명 별명
- by + name = 본 이름 외에 쓰이는 별명

bypass
[báipæs]

명 보조관, 우회로
- by + pass = 주 통로 이외의 우회로나 부설관

bypath
[báipæ̀θ]

명 샛길, 옆길
- by + path = 주요 도로 옆에 나 있는 좁은 길

byplay
[báiplèi]

명 보조 연기
- by + play (연극, 연기) = 주역 가까이에서 하는 보조 연기

byproduct
[báiprɑːdʌkt]

명 부산물, 부작용
- by + product (생산품) = 주 생산품 이외의 부산물

by-the-way
[báiðəwéi]

형 곁들여서 하는, 덧붙여 말하는
- by + the way (주제) = 주 내용 이외에 덧붙이는 말

bio (life)
생명의, 살아 있는

bio + chemical = biochemical

| 생명의, 살아 있는 | 화학의, 화학적인 | 생화학적인 |

bio + logy = biology

| 생명의, 살아 있는 | 이론, 학문 | 생물학 |

biochemical
[báioukemɪkl]

형 생화학적인
- *biochemical* cycle : 생화학 주기

biochip
[báioutʃɪp]

명 바이오칩

bioclean
[báiouklì:n]

형 무균 상태의
- bio + clean (깨끗한) = 살아 있는 세균도 모두 청소하는

bioecology
[báiouikɑ:lədʒi]

명 생물 생태학
- bio + ecology (생태학) = 생물 생태학

bioenergy
[báiouenərdʒi]

명 생물 에너지

biograph
[báiougræf]

명 전기, 약전
- bio + graph (그래프, 도표, 도식) = 삶을 다룬 기록

biography
[baiɑ́grəfi]

명 전기, 일대기

biology
[baiɑ́lədʒi]

명 생물학, 생태학
- *biology* class : 생물학

biosensor
[bàiousénsər]

명 생체 감응 장치
- bio + sensor (감지기) = 살아 있는 생물을 탐지하는 장치

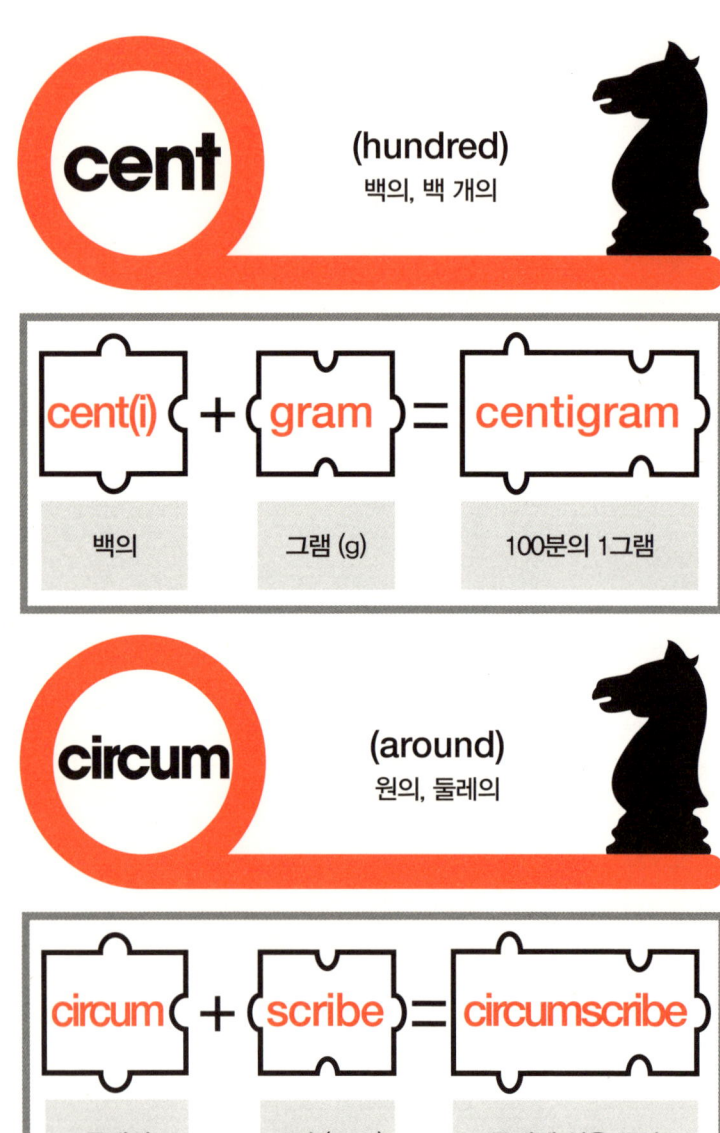

centenary
[séntənèri]

형 100의, 100년의 **명** 100주년 기념일
- This year is the *centenary* of the cinema : 올해는 이 영화가 100주년 되는 해이다

centigram
[séntɪgræm]

명 센티그램

centimeter
[séntəmì:tər]

명 센티미터

centurion
[sentjúəriən]

명 백부장, 고대 100명을 거느린 군대의 지휘관

century
[séntʃuri]

명 1세기, 100년

circumference
[sərkʌmfərəns]

명 원주, 주변
- circum + ference (둘레) = 원 둘레

circumscribe
[sə:rkəmskráib]

동 제한하다, 억제하다, ~의 둘레에 선을 긋다
- Such powers are highly *circumscribed* : 그러한 영향력은 상당히 제한된다

circumspect
[sə́:rkəmspèkt]

형 신중한, 주의 깊은
- circum + spect (생각하다) = 신중한, 주의 깊은

circumstance
[sə́:rkəmstæns]

명 상황, 환경
- a normal *circumstance* : 평범한 상황

co / col

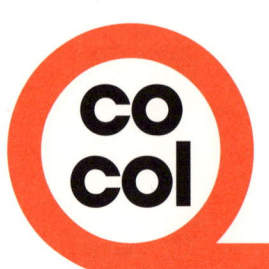

(with, together)

공동의, 상호적인

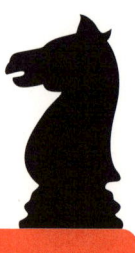

co	+	operate	=	cooperate
공동의, 상호적인		작동하다, 움직이다		협력하다, 협동하다
col	+	laborate	=	collaborate
공동의, 상호적인		일하다		공동으로 일하다 협력하다, 합작하다

coalesce
[kòuəlés]

동 (부러진 뼈가) 붙다, 접착하다, 연합하다
- The brooks *coalesce* into one river : 시냇물이 모여 큰 강을 이루다

coexist
[kouıgzíst]

동 같은 때에 존재하다
- co + exist (존재하다) = 공존하다

cohabit
[kouhǽbit]

동 동거 생활하다
- co + habit (거주하다) = 동거하다

coherence
[kouhíərəns]

명 부착, 응집, 결합
- There is no *coherence* to these policies : 이 정책에는 일관성이 없다

coincident
[kouínsədənt]

형 일치하는, 동시에 일어나는
- co + incident (사건) = 동시에 일어나는

cooperate
[kouápərèit]

동 협력하다, 협동하다
- *cooperate* with him : 그와 협력하다

coordinate
[kouɔ́:rdənit]

형 동등한, 동격의
- (반) subordinate : 계급, 지위가 아래인

collaborate
[kəlǽbərèit]

동 공동으로 일하다, 협력하다, 합작하다
- *collaborate* with an enemy : 적과 협력하다

collateral
[kəlǽtərəl]

형 평행한
- col + lateral (측면의) = 평행한

com (with, together)
공동의, 상호적인

com + **pile** = **compile**

공동의, 상호적인 | 더미 | 편집하다, 수집하다

com + **promise** = **compromise**

공동의, 상호적인 | 약속, 계약 | 타협, 화해, 양보

combat
[kámbæt]

명 전투, 결투
- He was killed in *combat* : 그는 전투에서 전사했다

combine
[kəmbáin]

동 ~을 결합시키다
- com + bine (덩굴처럼 얽히다) = ~을 결합시키다

command
[kəmǽnd]

동 ~에게 명령하다
- **동** order : 명령하다

commit
[kəmít]

동 위임하다, (죄, 과실을) 저지르다
- *commit* an error : 잘못을 저지르다

committee
[kəmíti]

명 위원회

common
[kámən]

형 공통의, 공동의, 일반의, 평범한
- **반** rare : 드문, 진기한

communicate
[kəmjú:nəkèit]

동 전달하다, ~을 서로 나누다
- *communicate* opinions with ~ : ~와 의견을 나누다

community
[kəmjú:nəti]

명 사회, 공동체

commute
[kəmjú:t]

동 통근하다, 교환하다
- *commute* fare : 정기 승차권 요금

compact [kəmpǽkt]	형 빽빽하게 찬, 밀집한 • a *compact* car : 소형차
companion [kəmpǽnjən]	명 동료, 상대, 친구 동 comrade, associate, colleague : 동료
company [kʌ́mpəni]	명 모인 사람들, 친구, 회사
compare [kəmpɛ́ər]	동 비교하다 • *compare* Seoul with other large cities : 서울을 다른 대도시와 비교하다
compensate [kámpənsèit]	동 ~에게 보상하다 • *compensate* a person for loss : ~에게 손실을 배상하다
compete [kəmpíːt]	동 겨루다, 경쟁하다 • *compete* against : ~와 경쟁하다
compile [kəmpáil]	동 편집하다, 편찬하다, 수집하다 • *compile* a guidebook : 안내서를 편찬하다
complement [kámpləmənt]	동 보완하다 명 보충물, 보완하는 것 • object *complement* : 목적 보어
complete [kəmplíːt]	형 완전한, 완벽한 동 perfect : 완벽한

compliment
[kάmpləmənt]
명 칭찬
- 동 praise : 칭찬

comply
[kəmplái]
동 좇다, 동의하다, 승낙하다
- *comply* with the request : 요청을 수락하다

component
[kəmpóunənt]
형 구성하고 있는, 성분을 이루는 **명** 구성 요소, 성분
- 동 element : 요소, 성분

compose
[kəmpóuz]
동 조립하다, 조직하다, 작곡하다
- *compose* a poem : 시를 짓다

compound
[kəmpáund]
동 합성하다, 조합하다, 혼합하다 **형** 합성의, 복합의
- *compound* word : 복합어

comprehensive
[kὰmprihénsiv]
형 포괄적인, 이해력이 있는
- a *comprehensive* mind : 넓은 마음

compress
[kəmprés]
동 압축하다, 압착하다
- *compress* one's lips : 입술을 굳게 다물다

comprise
[kəmpráiz]
동 함유하다, 포함하다
- The United States *comprises* 50 states : 미국은 50주로 이루어져 있다

compromise
[kάmprəmàiz]
명 타협, 화해, 양보
- make a *compromise* with : ~와 타협하다

con / cor (with, together) 공동의, 상호적인

con + **centrate** = **concentrate**

| 공동의, 상호적인 | 농축, 응축 | 집중하다 |

cor + **respond** = **correspond**

| 공동의, 상호적인 | 응답하다, 대답하다 | 서신 왕래하다 |

conceive
[kənsíːv]
동 마음에 품다, 느끼다, 이해하다
- *conceive* a hatred : 증오를 느끼다

concentrate
[kánsəntrèit]
동 집중하다
- *concentrate* upon a problem : 문제에 온 정신을 쏟다

conception
[kənsépʃən]
명 개념, 생각
- 동 idea : 개념

concern
[kənsáːrn]
동 ~에 관계되다, 관심을 갖다, 염려하다
- I am *concerned* about his health : 그의 건강이 걱정이다

concert
[kánsəːrt]
명 연주회, 음악회

conciliate
[kənsílièit]
동 달래다, 회유하다, 화해시키다
- *conciliate* enemy : 적을 달래다

concord
[kánkərd]
명 일치, 화합
- in *concord* with : ~와 일치하여, 사이좋게

concrete
[kánkriːt]
형 유형의, 구체적인
- 반 abstract : 추상적인

concur
[kənkáːr]
동 진술이 같다, 일치하다, 협력하다
- *concur* with somebody : ~에게 동조하다

condense
[kəndéns]
동 응축하다, 압축하다
- *condense* milk : 우유를 농축하다

condole
[kəndóul]
동 위로하다, 동정하다
- *condole* with somebody : ~에게 조의를 표하다

condominate
[kəndάmənit]
형 공동 지배의
- con + dominate (지배하다) = 공동 지배하는

conduct
[kάndʌkt]
[kəndʌ́kt]
명 행위, 행동 **동** 안내하다, 지휘하다
- 동 guide : 안내하다

confederate
[kənfédərit]
형 동맹한, 연합한 **명** 동맹자, 동맹국, 남군 (미국 역사)
- 반 Federal : 북군 (미국 역사)

conference
[kάnfərəns]
명 회담, 협의, 회의
- a general *conference* : 총회

conflict
[kάnflikt]
명 투쟁, 전투
- 동 fight : 전쟁, 싸움

conform
[kənfɔ́:rm]
동 적합시키다, 따르게 하다, 같은 모양이 되게 하다
- *conform* to custom : 관습에 따르다

confound
[kənfáund]
동 혼동하다
- 동 perplex : 당혹케 하다

confront
[kənfrʌ́nt]

통 ~에 직면하다
- I was *confronted* with a difficulty : 나는 어려움에 직면했었다

congeal
[kəndʒíːl]

통 얼다, 응결시키다
- *congeal* blood : 피를 응결시키다

congenial
[kəndʒíːnjəl]

형 같은 성질의, 마음이 맞는
- *congenial* company : 뜻이 맞는 동지

conglomerate
[kənglάmərət]

형 밀집하여 뭉친 명 거대 복합 기업, 대기업
- a media *conglomerate* : 언론 재벌

congratulate
[kəngrǽtʃəlèit]

통 축하하다
- I *congratulate* you : 축하합니다

congregate
[kάŋgrigèit]

통 모으다, 집합시키다 형 모인, 집단적인
- *congregate* dining : 회식

congress
[kάŋgris]

명 회의, 회합
- the annual *congress* : 연차 대회

correlate
[kɔ́ːrəleit]

명 서로 관계 있는 것 통 서로 관련시키다
- *correlate* the two : 둘을 관련시키다

correspond
[kɔːrəspάːnd]

통 부합하다, 서신 왕래하다
- correspondence : 서신 왕래, 교신

contra / counter (against) 맞서서, ~에 반대하여

contra	+	dict	=	contradict
맞서서, ~에 반대하여		말하다		부정하다, 반박하다

counter	+	attack	=	counterattack
맞서서, ~에 반대하여		공격		반격, 역습

contraband
[ká:ntrəbænd]
명 암거래, 밀매
- a *contraband* trader : 밀수업자

contradict
[kàntrədíkt]
동 부정하다, 반박하다
- *contradict* oneself : 스스로 모순에 빠지다

contrary
[kántreri]
형 반대의, ~에 반하는
동 opposite : 반대의

contrast
[kántræst]
명 대조, 대비 **동** 대조시키다
- by *contrast* : 대조해 보면

contravene
[kàntrəví:n]
동 위반하다, 무시하다

counteract
[kaʊntərǽkt]
동 ~와 반대로 행동하다, 방해하다, 반작용하다
- *counteract* the effects : 영향을 상쇄시키다

counterattack
[káuntərətæk]
명 반격, 역습

counterclockwise
[kaʊntərklá:kwaiz]
형 반시계 방향의
반 clockwise : 시계 방향의

countermand
[kàuntərmænd]
동 취소하다, 철회하다
반 command : 명령하다

week 3

일빵빵 + 말·머·리·붙·잡·기·영·어·단·어

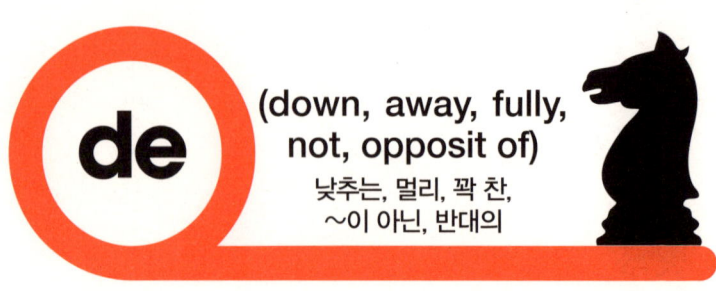
de (down, away, fully, not, opposit of)
낮추는, 멀리, 꽉 찬, ~이 아닌, 반대의

de + **base** = **debase**
낮추는 / 기초를 형성하다 / 가치를 저하시키다

de + **part** = **depart**
낮추는 / 분할하다 / 출발하다, 떠나다

dearth
[də:rθ]
- 명 부족, 결핍
  - a *dearth* of housing : 주택난

debase
[dibéis]
- 동 (인품·품질·가치 따위를) 떨어뜨리다, 저하시키다
  - *debase* a currency : 화폐 가치를 떨어뜨리다

debug
[di:bʌ́g]
- 동 ~의 결함을 조사하여 제거하다, 오류를 수정하다 명 오류 수정

debunk
[di:bʌ́ŋk]
- 동 (정체를) 폭로하다
  - *debunk* a myth : 귀신의 정체를 폭로하다

debus
[di:bʌ́s]
- 동 (버스·차에서) 내리다
  - de + bus = 버스나 트럭에서 내리다

decaffeinate
[di:kǽfənèit]
- 동 카페인을 제거하다
  - de + caffeinate (카페인이 든) = 카페인을 제거하다

decay
[dikéi]
- 동 썩다
  - a *decayed* tooth : 충치

decease
[disí:s]
- 명 사망 동 사망하다
  - 동 die : 죽다

deceive
[disí:v]
- 동 속이다, 현혹시키다
  - *deceive* an enemy : 적을 기만하다

decelerate
[di:sélərèit]

통 속력을 늦추다
  반 accelerate : 속력을 높이다

decentralize
[di:séntrəlàiz]

통 (권한을) 분산시키다
  • de + centralize (중심에 모으다) = 분산시키다

deceptive
[diséptiv]

형 현혹시키는, 거짓의
  • *deceptive* advertising : 기만적 광고

deciduous
[disídʒu:əs]

형 탈락성의, 빠지는, 일시적인
  • a *deciduous* tree : 낙엽수

declare
[dikléər]

통 선언하다
  • *declare* a state of emergency : 비상 사태를 선포하다

decline
[dikláin]

통 기울다, 감퇴하다
  • a sharp *decline* : 대폭락

decode
[di:kóud]

통 해독하다
  • de + code (암호) = 암호를 풀다

decompose
[dì:kəmpóuz]

통 분해시키다
  • de + compose (구성하다) = 분해하다

decompress
[dì:kəmprés]

통 ~의 압력을 줄이다
  • de + compress (압축하다, 단축하다) = 압력을 낮추다

decorate
[dékərèit]

동 꾸미다, 장식하다
- She *decorated* the room with flowers : 그녀는 꽃으로 방을 꾸몄다

decrease
[díːkriːs]

동 감소하다
반 increase : 증가하다

decrescent
[dikrésnt]

형 점점 줄어드는
반 increscent : 증대하는

dedicate
[dédikèit]

동 바치다, 전념하다
- *Dedicated* to A : 이 책을 A에게 드립니다

deduct
[didʌ́kt]

동 공제하다, 빼다
- *deduct* a commission : 수수료를 공제하다

default
[difɔ́ːlt]

명 채무 불이행, 태만, 결핍, 경기에 출전하지 않음
- by *default* : 부전승으로

defeat
[difíːt]

동 쳐부수다
- *defeat* the enemy : 적을 쳐부수다

defect
[difékt]

명 결점, 부족
- *defect* in one's character : 성격상의 결함

defend
[difénd]

동 막다, 지키다
- *defend* one's reputation : 명성을 지키다

defense
[diféns]
- 명 방위, 방어
  - 반 offense, attack : 공격

defer
[difə́:r]
- 동 늦추다
  - 동 postpone : 연기하다

defiance
[difáiəns]
- 명 도전, 저항
  - send *defiance* : 도전하다

deficient
[difíʃənt]
- 형 모자라는, 부족한
  - He is mentally *deficient* : 그는 정신력이 부족하다

define
[difáin]
- 동 규정짓다, 한정하다, 정의를 내리다
  - *define* a word as ~ : 말을 ~라고 정의를 내리다

defuse
[di:fjú:z]
- 동 ~의 긴장을 완화하다, (폭탄・지뢰의) 신관을 제거하다
  - *defuse* a bomb : 폭탄 뇌관을 제거하다

degenerate
[didʒénərèit]
- 동 (도덕적, 육체적, 정신적으로) 나빠지다, 퇴보하다
  - 동 deteriorate : 악화되다

degrade
[digréid]
- 동 ~의 지위를 낮추다, 격하하다
  - de + grade (등급) = 등급을 낮추다

delay
[diléi]
- 동 미루다, 연기하다
  - You'd better *delay* your departure :
    출발을 연기하는 쪽이 좋겠다

delete
[dilíːt]

통 삭제하다, 지우다
동) erase : 지우다, 없애다

deliberate
[dilíbərit]

형 고의의, 의도적인, 계획적인, 신중한
- *deliberate* murder : 계획적 살인

delicate
[délikət]

형 섬세한, 민감한
동) fine : 고운, 정제된

delight
[diláit]

명 기쁨, 즐거움
동) pleasure : 기쁨

deliver
[dilívər]

통 배달하다
- *deliver* a speech : 연설하다

delude
[dilúːd]

통 미혹시키다, 속이다
- *delude* him into belief : 그를 속여 믿게 만들다

denounce
[dináuns]

통 (공공연히) 비난하다
- *denounce* a treaty : 조약 폐기 통고를 하다

denude
[dinjúːd]

통 발가벗기다
- *denude* a forest : 숲을 없애다

deny
[dinái]

통 부정하다
- *deny* one's guilt : 자신의 죄를 부인하다

depart
[dipá:rt]

동 출발하다, 벗어나다
- They *departed* for Pusan : 그들은 부산으로 떠났다

department
[dipá:rtmənt]

명 부, 부문
- the export *department* : 수출부

deploy
[diplɔ́i]

동 (효율적으로) 배치하다, 분산하다
- *deploy* troops : 부대를 배치하다

depress
[diprés]

동 우울하게 하다
- de + press (누르다) = 아래로 더욱 다운시켜 우울하게 하다

deprive
[dipráiv]

동 ~에게서 빼앗다, 박탈하다
- 동 rob : ~에게서 훔치다, 강탈하다

descend
[disénd]

동 내리다, 내려가다
- 반 ascend : 오르다

desolate
[désəlit]

형 황폐한, 외로운
- a *desolate* island : 무인도

despair
[dispέər]

동 절망하다 **명** 절망, 자포자기
- 반 hope : 희망을 갖다

destitute
[déstətjù:t]

형 빈곤한
- They are *destitute* of common sense : 그들은 상식이 없다

destroy
[distrói]

동 파괴하다
- 반 construct : 세우다, 건조하다

destruct
[distrʌ́kt]

명 고의적인 파괴 **동** 파괴하다
- He was in self *destruct* mode : 그는 자포자기 상태였다

detach
[ditǽtʃ]

동 떼어내다, 분리하다
- 반 attach : 붙이다, 달다

detect
[ditékt]

동 간파하다
- *detect* a spy : 간첩임을 간파하다

deteriorate
[ditíəriərèit]

동 나쁘게 하다
- *deteriorate* quality : 질을 낮추다

devaluate
[di:vǽljuèit]

동 ~의 가치를 내리다
- de + valuate (평가하다) = 평가를 낮추다

deviation
[dì:viéiʃən]

명 벗어남, 일탈, 탈선
- a sharp *deviation* : 심한 일탈

devote
[divóut]

동 바치다, 쏟다
- *devote* oneself to ~ : ~에 헌신하다, 전념하다

devour
[diváuər]

동 게걸스럽게 먹다, 멸망시키다
- *devour* sandwiches : 샌드위치를 게걸스럽게 먹다

(ten)
열의, 열 개의

(half)
반의, 절반의

(sleep)
잠의, 수면의

decade
[dékeid]

명 10년
- a *decade* ago : 10년 전

decigram
[désigræm]

명 데시그램(1그램의 10분의 1)

deciliter
[désilì:tər]

명 데시리터

decimal
[désəməl]

형 십진법의 **명** 소수
- an infinite *decimal* : 무한 소수

demigod
[démigàd]

명 반신반인
- demi + god (신) = 반신반인

demilune
[démilù:n]

명 반달
- demi + line (달) = 반달

dormancy
[dɔ́:rmənsi]

명 수면
- *dormancy* account : 휴면 계좌

dormant
[dɔ́:rmənt]

형 잠자는
- a *dormant* volcano : 휴화산

dormitory
[dɔ́:rmətɔ̀:ri]

명 기숙사
- the boys' *dormitory* : 남학생 숙소

di duo diplo

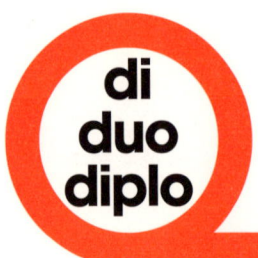

(two)
둘의, 두 개의

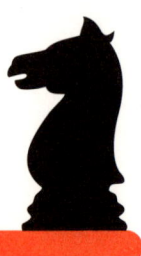

di + logue = dialogue

둘의	담화	대화

duo + logue = duologue

둘의	담화	두 사람만의 대화

dialogue [dáiəlɔːg]	명 대화 동 conversation : 회화, 대화
diplex [dáiplèks]	형 이중 통신의 동 duplex : 동시 송수신 방식의
diplomacy [diplóuməsi]	명 두 나라 사이의 외교 • oil *diplomacy* : 석유 외교
diverse [divə́ːrs]	형 다양한, 다른 동 different : 다른, 상이한
division [divíʒən]	명 분할 • *division* of labor : 분업
divorce [divɔ́ːrs]	명 이혼 • get a *divorce* : 이혼하다
diverge [divə́ːrdʒ]	동 갈리다, 분기하다 반 converge : 한 점에 모이다, 수렴하다
duologue [djúːəlɔːg]	명 (두 사람만의) 대화
duopoly [djuːápəli]	명 두 회사에 의한 판매 시장의 독점

dis (not, apart, away)
무, 반대, 분리, 떨어진

dis + benefit = disbenefit

반대   이익   불이익, 손실

dis + place = displace

떨어진   놓다, 배치하다   옮기다, 추방하다

disability
[dìsəbíləti]

명 무력, 무능
- dis + ability (능력) = 능력이 없음

disable
[diséibəl]

동 쓸모없게 만들다
- dis + able (할 수 있는) = 할 능력이 없는

disaccord
[dìsəkɔ́:rd]

동 일치하지 않다
- dis + accord (일치하다) = 일치하지 않다

disadvantage
[dìsədvǽntidʒ]

명 불리, 불이익
- dis + advantage (유리, 이익) = 이익이 없음

disagree
[dìsəgrí:]

동 동의하지 않다
- dis + agree (동의하다) = 동의하지 않다

disappear
[dìsəpíər]

동 사라지다
- dis + appear (출현하다) = 사라지다

disappoint
[dìsəpɔ́int]

동 실망시키다, 낙담시키다
- The result *disappointed* us : 그 결과는 우리를 실망시켰다

disapproval
[dìsəprú:vəl]

명 반대 의견, 비난
- dis + approval (찬성) = 반대, 반대 의견

disarm
[dìsá:rm]

동 무장 해제하다
- dis + arm (무장시키다) = 무장 해제시키다

disassemble
[dìsəsémbəl]

동 해체하다
- dis + assemble (모으다) = 해체하다

disaster
[dizǽstər]

명 재해, 재난
- **동** catastrophe : 참사, 재앙

disbenefit
[disbénəfit]

명 불이익, 손실
- dis + benefit (이익, 이득) = 손실, 불이익

disburden
[disbá:rdn]

동 ~에서 짐을 내리다
- dis + burden (짐을 지우다) = 짐을 내리게 하다

discard
[diská:rd]

동 버리다, 처분하다
- The plan was *discarded* : 그 계획은 폐기되었다

discharge
[distʃá:rdʒ]

동 짐을 내리다, 면제하다
- dis + charge (짐을 지우다) = 짐을 내리게 하다

disclose
[disklóuz]

동 나타내다, 폭로하다
- dis + close (은폐하다) = 폭로하다

disconnect
[dìskənékt]

동 ~의 연락을 끊다
- dis + connect (연결하다) = 연결을 끊다

discontent
[dìskəntént]

명 불만, 불평
- dis + content (만족하는) = 만족하지 못함

discontinue
[dìskəntínju:]

동 그만두다, 중지하다
- dis + continue (계속하다) = 중지하다

discord
[dískɔ:rd]

명 불화, 불일치
- dis + (ac)cord (일치, 조화) = 불일치, 부조화

discount
[dískaunt]
[diskáunt]

명 할인 **동** 할인하다
- dis + count (세다) = (제대로) 세지 않다, 할인하다

discourage
[diská:ridʒ]

동 용기를 잃게 하다
- dis + courage (용기) = 용기를 잃게 하다

discredit
[diskrédit]

명 불신
- dis + credit (신용) = 불신

discrepancy
[diskrépənsi]

명 불일치, 모순
동 difference : 차이점

discriminate
[diskrímənèit]

동 구별하다, 판별하다
- *discriminate* between reality and ideals : 현실과 이상을 식별하다

discrown
[diskráun]

동 퇴위시키다
- dis + crown (왕관을 씌우다) = 왕위에서 떨어뜨리다

disdain
[disdéin]

동 경멸하다, 멸시하다
동 scorn : 경멸하다, 멸시하다

disease
[dizí:z]

명 병
- ⑧ illness : 병, 발병

disembargo
[dìsembá:rgou]

동 출항 금지를 해제하다
- dis + embargo (출항을 금지하다) = 출항 금지를 풀다

disembody
[dìsembádi]

동 (영혼 따위를) 육체에서 이탈시키다

disfavor
[disféivər]

명 싫어함, 냉대
- be in *disfavor* : 인기가 없다

disgrace
[disgréis]

명 창피, 불명예
- dis + grace (품위) = 품위가 떨어짐

disgusting
[disgʌ́stiŋ]

형 구역질 나는
- a *disgusting* smell : 역겨운 냄새

disharmony
[dishá:rməni]

명 부조화, 불협화음
- dis + harmony (조화) = 부조화

dishonor
[disánər]

명 불명예
- dis + honor (명예) = 불명예

disillusion
[dìsilú:ʒən]

명 각성
- dis + illusion (환상) = 환상에서 깨어나게 하다

disinterest
[disíntərist]

명 무관심
- dis + interest (관심) = 관심이 없음

dislike
[disláik]

동 싫어하다
- dis + like (좋아하다) = 싫어하다

disloyal
[dislóiəl]

형 불충한
- dis + loyal (충성스런) = 충성스럽지 못한

dismiss
[dismís]

동 떠나게 하다, 깨끗이 잊어버리다
- *dismiss* a student from school : 학생을 퇴교시키다

disobey
[dìsəbéi]

동 따르지 않다, 위반하다
- dis + obey (복종하다) = 따르지 않다

disorder
[disɔ́:rdər]

명 무질서, 혼란
- dis + order (질서) = 무질서

dispel
[dispél]

동 쫓아버리다
- *dispel* worries : 우려를 불식시키다

dispense
[dispéns]

동 분배하다, ~에게 면제하다
- 동 distribute : 분배하다 / administer : 시행하다

displace
[displéis]

동 바꾸어 놓다, 옮기다, 추방하다
- 동 shift : 바꾸다

disposal
[dispóuzəl]

명 처분, 처리
- *disposal* by sale : 매각 처분

dispraise
[dispréiz]

동 트집 잡다, 비난하다
- dis + praise (칭찬하다) = 트집 잡다, 헐뜯다

dispute
[dispjúːt]

동 논쟁하다
- 동 discuss : 논하다, 논의하다

disqualify
[diskwáləfài]

동 실격시키다
- dis + qualify (자격을 주다) = 자격을 뺏다

dissemble
[disémbəl]

동 숨기다, 감추다
- 동 feign : ~을 가장하다

dissent
[disént]

동 의견을 달리하다
- 반 assent : 동의하다, 찬성하다

disserve
[dissə́ːrv]

동 ~을 학대하다
- dis + serve (봉사하다) = 해로운 짓을 하다

dissimilar
[dissímələr]

형 닮지 않은
- dis + similar (닮은, 유사한) = 닮지 않은

dissolve
[dizálv]

동 녹이다
- Water *dissolves* salt : 물은 소금을 녹인다

distance
[dístəns]

명 거리
- at a *distance* : 얼마간 떨어져서

distinct
[distíŋkt]

형 별개의, 다른, 뚜렷한
- 동 different : 다른 / clear : 명백한, 명확한

distinguish
[distíŋgwiʃ]

동 구별하다
- *distinguish* colors : 색을 식별하다

distort
[distɔ́ːrt]

동 찡그리다, 비틀다, 왜곡하다
- *distort* one's face : 얼굴을 찡그리다

distract
[distrǽkt]

동 흩뜨리다, (딴 데로) 돌리다
- 반 attract : 주의를 끌다

distribute
[distríbjuːt]

동 분배하다, 분류하다
- 동 scatter : 뿌리다

district
[dístrikt]

명 지역
- *district* court : 지방 법원

distrust
[distrʌ́st]

명 불신, 의혹 **동** 믿지 않다
- dis + trust (신뢰, 믿음) = 불신

disturb
[distɔ́ːrb]

동 방해하다
- *disturb* plant growth : 식물의 성장을 저해하다

dif
dys

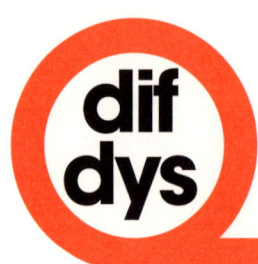

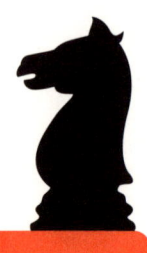

(against, not)
반대의, ~이 아닌, 다른
(bad, badly)
악화, 불량, 곤란

dys + function = dysfunction

악화, 불량, 곤란 | 기능 | 역기능, 기능 장애

dys + phonia = dysphonia

악화, 불량, 곤란 | 발음 | 언어 장애

differ
[dífər]

동 다르다
- Tastes *differ* : 취미는 사람마다 다르다

different
[dífərənt]

형 다른
- We are all *different* : 우리는 제각기 서로 다르다

differentiate
[dìfərénʃièit]

동 구별짓다
- *differentiate* men from brutes : 인간과 짐승을 구별하다

difficult
[dífikʌlt]

형 곤란한, 어려운
- This problem is *difficult* to solve : 이 문제는 풀기 어렵다

difficulty
[dífikʌlti]

명 곤란, 어려움, 수고
- have a *difficulty* in ~ : ~하는 데 고생하다

dysfunction
[disfʌ́ŋkʃən]

명 역기능, 기능 장애
- dys + function (기능) = 기능이 약화됨

dysgraphia
[disgrǽfiə]

명 필기 불능증
- dys + graphia (표시, 도표) = 표현하는데 어려움

dyspepsia
[dispépʃə]

명 소화 불량
- dys + pepsy (소화) = 소화가 불량함

dysphonia
[disfóuniə]

명 발음 곤란, 언어 장애
- dys + phonia (발음) = 발음이 곤란함

e (out, from)
밖으로, ~부터 떨어진

e + **gress** = **egress**

밖으로 / 가다 / 밖으로 나가다

e + **lucid(ate)** = **elucidate**

밖으로 / 빛나는, 밝은 / 밝히다, 명료하게 하다

edge [edʒ]	명 테두리, 가장자리 동 corner : 가장자리
egress [íːgres]	동 밖으로 나가다 명 탈출 반 ingress : 진입구
ejaculate [idʒǽkjəlèit]	동 액체를 사출하다, 갑자기 외치다 동 exclaim : 큰 소리로 외치다
eject [idʒékt]	동 몰아내다 동 expel : 추방하다
elevate [éləvèit]	동 올리다, 높이다 동 raise : 올리다
eliminate [ilímənèit]	동 제거하다, 배제하다 동 remove : 제거하다
eloquence [éləkwəns]	명 웅변, 설득력 • an *eloquence* speaker : 말재주 있는 사람
elucidate [ilúːsədèit]	동 밝히다, 명료하게 하다, 설명하다 동 explain : 설명하다
elude [ilúːd]	동 교묘히 피하다, 빠져나오다 • *elude* the law : 법망을 피하다

+ **일빵빵** + 말·머·리·붙·잡·기 **영어단어**

ec
ef
es

(out, from)
밖으로, ~부터 떨어진

| ef | + | fluent | = | effluent |

| 밖으로 | | 유동성의 | | 유출하는 |

| es | + | special | = | especial |

| 밖으로 | | 특별한, 우수한 | | 특별한, 각별한 |

eccentric [ikséntrik]	형 중심을 벗어난, 괴상한 반 concentric : 동심의, 중심이 같은
efficient [ifíʃənt]	형 능률적인, 효과적인 동 effective : 유효한, 효력이 있는
effluent [éfluənt]	형 유출하는 • ef + fluent (유동성의) = 밖으로 흘러내리는
efflux [éflʌks]	명 유출 • ef + flux (흐름) = 밖으로 흐름
escalate [éskəlèit]	동 단계적으로 확대하다 • *escalate* a war : 전쟁을 단계적으로 확대하다
escape [iskéip]	동 탈출하다 • *escape* from a prison : 탈옥하다
especial [ispéʃəl]	형 특별한, 각별한 • an *especial* friend : 각별한 친구
establish [istǽbliʃ]	동 설립하다 • *establish* a law : 법률을 제정하다
estrange [istréindʒ]	동 ~의 사이를 나쁘게 하다, 이간하다, 멀리하다 • es + (s)trange (낯선) = 떨어뜨려서 낯설게 하다

week 4

일빵빵 + 말·머·리·붙·잡·기·영·어·단·어

en
(make, intensive in, into)
~하게 만들다, 안으로

en	+	circle	=	encircle
~하게 만들다		원		에워싸다

en	+	large	=	enlarge
~하게 만들다		큰, 넓은		크게 하다, 확장하다

enable
[ɪnéibəl]

동 ~에게 힘을 주다
- en + able (할 수 있는) = 할 수 있게 만들다

enact
[ɪnǽkt]

동 법제화하다
- en + act (법률을 행하다) = 법률로 행하게 하다, 제정하다

encage
[ɪnkéidʒ]

동 둥우리에 넣다
- en + cage (새장, 우리) = 가두다

encamp
[ɪnkǽmp]

동 진을 치다, 야영하다
- en + camp (야영지) = 진을 치게 만들다

encash
[ɪnkǽʃ]

동 (수표 따위를) 현금화하다
- en + cash (현금) = 현금화하다

enchain
[ɪntʃéin]

동 사슬로 매다, 속박하다
- en + chain (사슬) = 사슬로 속박하다

enchant
[ɪntʃǽnt]

동 매혹하다
- en + chant (멜로디) = 매혹되게 만들다

encircle
[ɪnsə́ːrkl]

동 에워싸다
- en + circle (원) = 주위를 둥글게 에워싸게 만들다

enclose
[ɪnklóuz]

동 동봉하다, 봉하다
- en + close (닫다) = 닫아서 밀폐되게 만들다

encode
[ɪnkóud]

암호화하다
- en + code (암호) = 암호화하다

encounter
[ɪnkáuntər]

만남, 조우 **마주치다**
- meet : 만나다

encourage
[ɪnkə́:ridʒ]

용기를 돋우다, 격려하다
- en + courage (용기) = 용기 있게 만들다

endanger
[ɪndéindʒər]

위태롭게 하다, 위험에 빠뜨리다
- en + danger (위험) = 위험하게 만들다

endear
[indíər]

애정을 느끼게 하다
- en + dear (소중한) = 소중하게 만들다

endemic
[endémik]

풍토성의
- an *endemic* disease : 풍토병

endue
[indjú:]

부여하다
- a man *endued* with virtue : 덕을 겸비한 사람

endure
[indjúər]

견디다, 인내하다
- *endure* pain(s) = 고통을 견디다

energy
[énərdʒi]

활력, 원기
- power : 힘, 기력

enervate
[énərvèit]

동 기력을 빼앗다
- *enervate* the muscles : 근육을 약하게 만들다

enforce
[infɔ́:rs]

동 (법률 등을) 실시하다, 집행하다, 강행하다
- en + force (힘) = 힘을 실어서 강행하게 만들다

engage
[ingéidʒ]

동 약속하다, 약혼시키다
- **동** promise : 약속하다 / employ : 계약하다

engender
[indʒéndər]

동 발생시키다
- produce : 생산하다, 발생시키다

engrave
[ingréiv]

동 조각하다
- *engrave* a stone with designs : 돌에 무늬를 새기다

engross
[ingróus]

동 몰두시키다, 열중시키다
- be *engrossed* in ~ : ~에 열중해 있다

enhance
[inhǽns]

동 향상하다
- **동** improve : 향상시키다

enjoy
[indʒɔ́i]

동 즐기다
- en + joy (기쁨) = 기쁘게 만들다

enlarge
[inlá:rdʒ]

동 크게 하다, 확대하다
- en + large (크기가 큰) = 확대하다

enlighten
[ɪnláitn]

동 계몽하다, 계발하다
- en + lighten (밝게 비추다) = 계몽하다

enlink
[inlíŋk]

동 연결하다
- en + link (연결, 고리) = 연결하게 만들다

enrich
[ɪnrítʃ]

동 부유하게 만들다
- en + rich (부유한) = 부유하게 만들다

enroll
[inróul]

동 등록하다
- *enroll* a voter : 선거인을 등록하다

enslave
[ɪnsléiv]

동 노예로 하다
- en + slave (노예) = 노예로 만들다

ensure
[ɪnʃúər]

동 ~을 책임지다, 보장하다
- en + sure (확실한) = 확실하게 만들다

entail
[ɪntéil]

동 일으키다, 남기다
- en + tail (꼬리) = 꼬리처럼 계속 이어지게 하다

entangle
[ɪntǽŋgl]

동 엉클어지게 하다, 말려들게 하다
- en + tangle (엉클어지게 하다) = 말려들게 만들다

enthusiasm
[ɪnθjúːziæzəm]

명 열심, 의욕, 열의
동 passion : 열정

entire
[ɪntáiər]

형 전체의
- the *entire* city : 도시 전체

entitle
[ɪntáitl]

동 ~에 제목을 붙이다, 권리를 부여하다
- en + title (제목) = 제목을 붙이다

entrance
[éntrəns]

명 입구
- an *entrance* examination : 입학 시험

entreat
[ɪntríːt]

동 ~에게 탄원하다
- (동) beg : 빌다, 구하다

entrench
[ɪntréntʃ]

동 참호로 에워싸다, 지반을 굳히다, 입장을 굳건히 하다
- en + trench (도랑) = 도랑을 파서 들어가게 만들다

entry
[éntri]

명 입장
- no *entry* : 출입 금지

entwist
[ɪntwíst]

동 꼬아서 합치다
- en + twist (꼬다) = 꼬게 만들다

envelop
[ɪnvéləp]

동 싸다, 봉하다
- *envelop* an enemy : 적을 포위하다

environment
[ɪnváiərənmənt]

명 환경
- (동) circumstance, surroundings : 환경

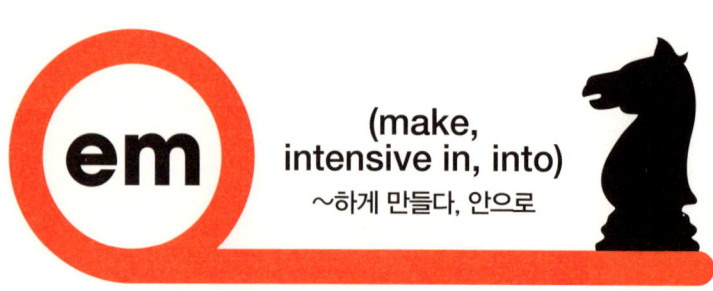

em
(make, intensive in, into)
~하게 만들다, 안으로

em + body = embody
~하게 만들다 / 형체를 부여하다 / 구체화하다

em + power = empower
~하게 만들다 / 힘 / 권력을 주다

| **emanate** [émənèit] | 동 (냄새·빛·소리·증기·열 따위가) 발하다, 내뿜다, 흘러나오다
동 flow : 흐르다 |

| **emancipate** [imǽnsəpèit] | 동 해방하다
• *emancipate* slaves : 노예를 해방시키다 |

| **embed** [imbéd] | 동 끼워넣다, 깊이 새겨넣다
• *embed* in ~ : ~에 새겨넣다 |

| **embody** [ɪmbádi] | 동 구체화하다
• em + body (형체) = 형체를 만들다, 구체화하다 |

| **embosom** [imbú:zəm] | 동 품에 안다, 애지중지하다
• em + bosom (가슴) = 가슴에 품게 하다 |

| **embrace** [ɪmbréis] | 동 얼싸안다, 포옹하다
동 hug : 안다 |

| **embroil** [ɪmbrɔ́il] | 동 혼란케 하다, 번거롭게 하다
동 involve : 관련되게 하다 |

| **eminent** [émɪnənt] | 형 저명한
동 famous : 유명한 |

| **emphasize** [émfəsàiz] | 동 강조하다
동 stress : 강조하다 |

(between)
~사이에

(equal)
같은, 동등한

(good, well)
좋은, 우량의

enterprise
[éntərpràiz]

명 기획, 계획, 기업체, 사업
- a government *enterprise* : 공기업(체)

---

entertain
[èntərtéin]

동 대접하다
동 amuse : 즐겁게 하다

---

entertainment
[èntərtéinmənt]

명 대접, 파티, 연예
동 fun : 즐거움, 기쁨

---

equable
[ékwəbəl]

형 균등한, 한결같은
- an *equable* climate : 한결같이 온화한 기후

---

equal
[í:kwəl]

형 같은, 동등한
동 equivalent : 동등한, 같은 가치의

---

equate
[ikwéit]

동 같게 하다
동 identify : 같게 하다

---

equator
[ikwéitər]

명 적도
- the *equator* : 적도

---

euphonic
[ju:fánik]

형 어조가 좋은
- *euphonic* changes : 음운 변화

---

eurythmic
[juəríðmik]

형 조화와 균형이 잡힌

(out)
밖으로, 초과하는

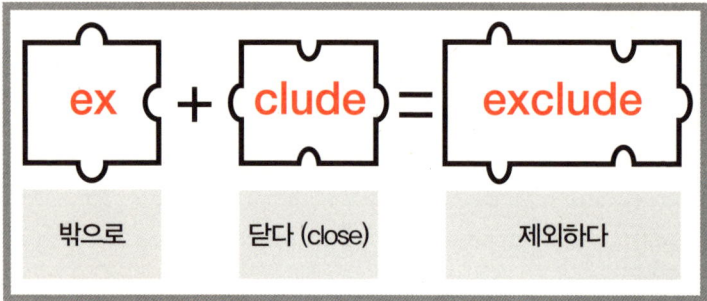

ex	+	clude	=	exclude
밖으로		닫다 (close)		제외하다

(beyond)
~넘어서, 초과하는

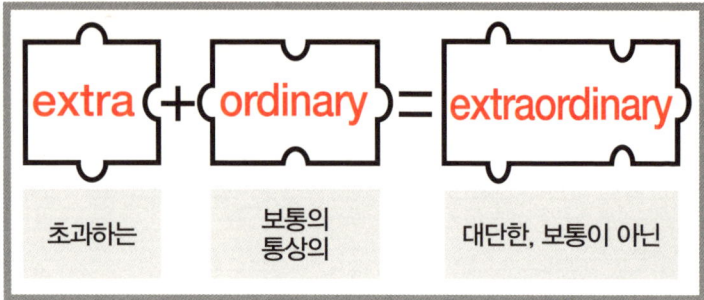

extra	+	ordinary	=	extraordinary
초과하는		보통의 통상의		대단한, 보통이 아닌

exact [igzǽkt]	형 정확한 통 correct : 정확한
examine [igzǽmin]	동 시험하다 통 test : 검사하다, 조사하다
exceed [iksíːd]	동 넘다, 초과하다 • *exceed* the speed limit : 속도 제한을 어기다
excel [iksél]	동 능가하다 통 surpass : 남에 비해 훌륭하다
except [iksépt]	전 ~을 제외하고 통 but : ~는 제외하고
excess [iksés]	명 과다, 과잉 • *excess* of fat : 지방 과다
excite [iksáit]	동 흥분시키다, 자극하다 통 stimulate : 자극하다
exclaim [ikskléim]	동 외치다 통 cry : 고함을 지르다
exclude [iksklúːd]	동 못 들어오게 하다, 제외하다 • ex + clude (close) = 못 들어오게 하다, 제외하다

exercise [éksərsàiz]	명 운동, 체조 • take *exercise* : 운동을 하다
exhaust [igzɔ́:st]	동 다 써버리다, 고갈시키다 동 use up : 다 써버리다
exhibit [igzíbit]	동 전시하다, 진열하다 동 display : 전시하다
exit [égzit, éksit]	명 출구 반 access : 진입구
expand [ikspǽnd]	동 펴다, 넓히다 • *expand* a business : 사업을 확장하다
explain [ikspléin]	동 분명하게 하다, ~을 설명하다 동 account for : 설명하다
explore [ikspló:r]	동 탐험하다 • *explore* a cave : 동굴을 탐험하다
explosive [iksplóusiv]	형 폭발하기 쉬운 • ex + plosive (터지기 쉬운) = 밖으로 터지기 쉬운
export [ikspó:rt]	동 수출하다 반 import : 수입하다

expose
[ikspóuz]

동 쐬다, 노출시키다
- (통) show : 드러내다, 보여주다

express
[iksprés]

동 표현하다, 나타내다
- (통) indicate : 나타내다, 지적하다

extend
[iksténd]

동 뻗다, 펴다, 연장하다
- (통) lengthen : 길게 하다, 늘이다

exoatmosphere
[èksouǽtməsfiər]

명 외기권
- exo + atmosphere (대기) = 대기 밖의 공기

exorcise
[éksɔːrsàiz]

동 (기도·주문을 외워 악령을) 쫓아내다
- *exorcise* a ghost : 귀신을 몰아내다

exotic
[igzátik]

형 외래의, 이국적인
- (통) outlandish : 이국적인

exterior
[ikstíəriər]

형 바깥쪽의 **명** 외부, 외관
- (반) interior : 내부

external
[ikstə́ːrnəl]

형 외부의
- (반) internal : 내부의, 내면의

extraordinary
[ikstrɔ́ːrdəneri]

형 대단한, 보통이 아닌
- extra + ordinary (보통의, 통상의) = 보통을 벗어난, 대단한

 (against) 맞서는

 (before) ~이전의, 앞선

 (flow) 흐르다

forbid
[fərbíd]

동 금하다
- 동 prohibit : 공적으로 금지하다

fortress
[fɔ́:rtris]

명 요새
- 동 castle : 성

forecast
[fɔ́:rkæst]

동 예상하다 **명** 예보
- fore + cast (던지다) = 미리 예상하다

forefather
[fɔ́:rfɑ̀:ðər]

명 조상, 선조
- fore + father (선대) = 조상, 선조

foremost
[fɔ́:rmòust]

형 맨 먼저의, 최초의
- fore + most (가장 ~한) = 가장 최초의

foresee
[fɔ:rsí:]

동 예견하다
- fore + see (보다) = 미리 보다

fluent
[flú:ənt]

형 유창한
- *fluent* speech : 유창한 연설

fluid
[flú:id]

명 유동체, 액체
- 반 solid : 고체

flux
[flʌks]

명 흐름, 밀물
- in a state of flux : 유동 상태에 있어

gene
(live)
살아 있는, 생동감 있는

gene	+	rator	=	generator
살아 있는, 생동감 있는		행위자		발전기

geo
(earth, ground)
땅, 육지, 지구

geo	+	logy	=	geology
땅		학문, 이론		지질학

generate
[dʒénərèit]
동 낳다, 산출하다
- *generate* power : 동력을 발생시키다

generation
[dʒènəréiʃən]
명 세대
- **동** period : 기간, 시대

generator
[dʒénərèitər]
명 발전기, 발생기
- wind *generator* : 풍력 발전기

genetic
[dʒənétik]
형 발생적인
- a *genetic* disorder : 유전병

geocentric
[dʒì:ouséntrik]
형 지구 중심의
- geo + centric (중심의) = 지구 중심의

geography
[dʒi:ágrəfi]
명 지리, 지리학
- geo + graphy (기술, 기록) = 지면을 기록한 학문

geology
[dʒi:álədʒi]
명 지질학
- geo + logy (이론, 학문) = 지질학

geometric
[dʒì:əmétrik]
형 기하학의
- geo + metric (미터법) = 기하학의

geoscience
[dʒì:ousáiəns]
명 지구 과학
- geo + science (과학) = 지구 과학

(half)
반의, 절반의

(other, different)
이질의, 서로 다른

(same)
동질의, 서로 같은

(under)
바로 아래에, 밑에

hemisphere [hémisfiər]	명 반구 • hemi + sphere (구면) = 반구
heterodox [hétərədɑ̀ks]	형 이교의, 이단의 반 orthodox : 정설의, 정교를 받드는
heterology [hètərάlədʒi]	명 이종 구조
heterosexual [hetərəsékʃuəl]	형 이성애의
homology [həmάlədʒi]	명 상동 관계
homonym [hάmənìm]	명 동음이의어, 음만 같고 다른 뜻의 단어
homosexual [hoʊməsékʃuəl]	형 동성애의
hypocrisy [hipάkrəsi]	명 위선, 위선적인 행위 동 pretense : 구실, 핑계, 겉치레, 가면
hypothesis [haipάθəsis]	명 가설, 전제 동 theory : 이론

in/im il/ir

(not, in, within)
~가 아닌, ~ 안으로, ~ 안쪽에

in	+	clude	=	include
안으로		닫다 (close)		포함하다

il	+	legal	=	illegal
~가 아닌		법률상의, 법적인		불법의, 위법의

incapable
[inkéipəbəl]

형 ~할 힘이 없는, 쓸모없는
- in + capable (할 수 있는) = ~를 할 수 없는

include
[inklúːd]

동 포함하다
- in + clude (close) = 안에 내포하다, 포함하다

income
[ínkʌm]

명 수입, 소득
반 outgo : 지출

incomplete
[ìnkəmplíːt]

형 불완전한, 미완성의
- in + complete (완전한) = 불완전한

inconvenient
[ìnkənvíːnjənt]

형 불편한, 부자유스러운
- in + convenient (편리한) = 사용하기 불편한

incorporate
[inkɔ́ːrpərèit]

동 통합하다
- in + corporate (단체의, 공동의) = 안으로 뭉치다, 통합하다

incorrect
[ìnkərékt]

형 부정확한
- in + correct (정확한) = 부정확한

incredible
[inkrédəbəl]

형 믿을 수 없는
- in + credible (믿을 수 있는) = 믿을 수 없는

independent
[ìndipéndənt]

형 독립한
- in + dependent (의존하는) = 독립한

indirect
[ìndirékt]

형 곧바르지 않은, 간접적인
- in + direct (직접적인) = 간접적인

induct
[indʌ́kt]

동 취임시키다, 가입시키다, 인도해서 이끌다
- *induct* expert : 전문가를 입회시키다

infect
[infékt]

동 ~에 감염시키다
- *infect* a wound : 상처에 감염시키다

influent
[ínfluənt]

형 흘러들어 가는
- in + fluent (유동성의) = 흘러서 들어가는

informal
[infɔ́ːrməl]

형 비공식의, 격식 차리지 않는
- in + formal (공식적인) = 비공식적인

inject
[indʒékt]

동 주사하다, 주입하다
- 동 vaccinate : 접종하다

insecure
[ìnsikjúər]

형 불안정한, 위험에 처한
- 반 safe : 안전한

interior
[intíəriər]

형 안쪽의
- 반 exterior : 외부의

internal
[intə́ːrnl]

형 내부의
- *internal* troubles : 내분

involve
[inválv]

동 관련시키다, 포함하다
- get *involved* in a trouble : 분쟁에 말려들다

inward
[ínwərd]

형 안쪽의, 내부의, 본질적인
(동) inside : 내부의

immediate
[imí:diət]

형 직접의, 즉시의
(동) instant : 즉각의, 즉시의

immoral
[imɔ́:rəl]

형 부도덕한
- im + moral (도덕적인) = 비도덕적인

immortal
[imɔ́:rtl]

형 죽지 않는, 불멸의
- im + mortal (죽을 운명의) = 불멸의

impassion
[impǽʃən]

동 깊이 감동하게 하다
- im + passion (열정) = 안으로 열정을 느끼게 하다

impatient
[impéiʃənt]

형 참을 수 없는, 성급한
- im + patient (인내심이 강한) = 참을 수 없는

imperfect
[impə́:rfikt]

형 불완전한
- im + perfect (완전한) = 불완전한

impermanent
[impə́:rmənənt]

형 일시적인
- im + permanent (영구한) = 일시적인

impersonal
[impə́:rsənəl]

형 개인에 관계가 없는, 비인간적인
- im + personal (인간적인) = 비인간적인

implant
[implǽnt]

동 (마음에) 심다, 불어넣다
- im + plant (심다) = 안으로 깊이 심다, 불어넣다

implicit
[implísit]

형 은연중에, 함축적인, 암묵의
반 explicit : 뚜렷한, 명백한, 노골적인

imply
[implái]

동 함축하다, 넌지시 비치다, 암시하다
동 suggest : 제시하다, 제안하다

impolite
[ìmpəláit]

형 무례한
- im + polite (공손한) = 공손하지 않은

import
[impɔ́:rt]

동 수입하다
반 export : 수출하다

impress
[imprés]

동 ~에게 감명을 주다, 인상지우다
- I was *impressed* by his performance : 그의 연주에 깊이 감동받았다

imprint
[imprínt]

동 누르다, 찍다, 인쇄하다
- *imprint* footsteps on the snow : 눈 위에 발자국을 남기다

improper
[imprápər]

형 부적당한
- im + proper (적당한) = 적당하지 않은

illegal
[ilíːgəl]

형 불법의
- il + legal (법적인) = 불법적인

illegible
[ilédʒəbəl]

형 읽기 어려운, 판독이 어려운
- il + legible (읽기 쉬운) = 읽기 어려운

illogic
[iládʒik]

명 비논리, 불합리
- il + logic (논리, 논법) = 비논리, 비논법

irrational
[iræʃənl]

형 불합리한, 이성이 없는
- ir + rational (합리적인) = 비합리적인

irregular
[irégjələr]

형 불규칙한, 불법의
- ir + regular (규칙적인) = 비규칙적인

irrelative
[irélətiv]

형 관계가 없는
- ir + relative (상관적인, 상호의) = 상관관계가 없는

irrelevant
[iréləvənt]

형 관련성이 없는
- ir + relevant (관련된, 적절한, 타당한) = 적절하지 못한

irresistible
[ìrizístəbəl]

형 저항할 수 없는
- ir + resistible (반항할 수 있는) = 반항할 수 없는

irresponsible
[ìrispánsəbəl]

형 책임이 없는, 무책임한
- ir + responsible (책임 있는) = 책임이 없는

infra / inter
(below, between)
~ 아래에, 둘 사이에

infra + **structure** = **infrastructure**

아래에 / 구조 / 하부 조직, 기반

inter + **act** = **interact**

둘 사이에 / 행동하다 / 상호 작용하다

infrastructure
[ínfrəstrʌktʃər]

명 하부 조직, 기반
- *infrastructure* facilities : 기초적인 시설

intercept
[ìntərsépt]

동 도중에서 빼앗다
- ⑧ snatch : 낚아채다

interchange
[ìntərtʃéindʒ]

동 교환하다
- ⑧ exchange : 교환하다

intercourse
[íntərkɔːrs]

명 교제, 거래
- friendly *intercourse* : 친교

intermission
[ìntərmíʃən]

명 간헐기, 중지, 휴식 시간
- inter + mission (임무, 직무) = 업무 중간의 휴식

international
[ìntərnǽʃənəl]

형 국제적인
- an *international* conference : 국제회의

interrupt
[ìntərʌ́pt]

동 가로막다, 방해하다
- ⑧ intrude, disturb : 방해하다

interval
[íntərvəl]

명 간격, 틈
- class *interval* : 계급간 간격

interview
[íntərvjùː]

명 회견, 면접
- a job *interview* : 구직자의 면접

 (within)
~ 사이에

 (inward)
안의, 안쪽에

 (same, equal)
동등한, 같은

intraday
[íntrədèi]

형 하루 동안에 일어나는, 하루 중의
- intra + day (하루) = 하루 사이에 일어나는

intragovernmental
[ìntrəgʌ̀vərnméntl]

형 정부 내의
- intra + governmental (정부의) = 정부 내부의

intranational
[ìntrənǽʃənl]

형 국내의
- intra + national (한 국가의) = 한 국가 내부의

intraparty
[ìntrəpá:rti]

형 정당 내의
- intra + party (정당) = 정당 내의

introduce
[ìntrədjú:s]

동 안으로 들이다, 받아들이다, 소개하다
- *introduce* a person into an anteroom : ~를 대합실로 안내하다

introduction
[ìntrədʌ́kʃən]

명 받아들임, 서론
- a letter of *introduction* : 소개장

introvert
[íntrəvə:rt]

형 내향적인 **명** 내성적인 사람
- **반** extrovert : 외향적인, 외향적인 사람

isometry
[aisámətri]

명 크기가 같음
- iso + metry (측정법) = 측정한 결과가 같음

isothermal
[àisəθə́:rməl]

명 등온선
- iso + thermal (온도의) = 온도가 같은 점

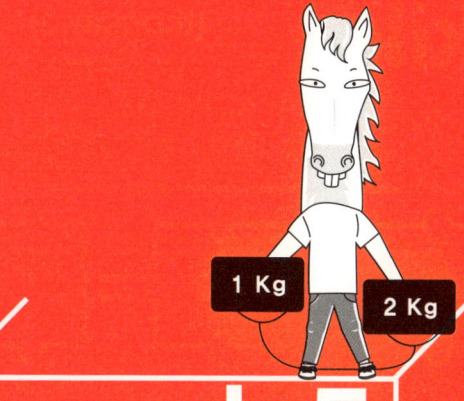

week 5

일빵빵 + 말·머·리·붙·잡·기·영·어·단·어

(thousand)
천의, 천 개의

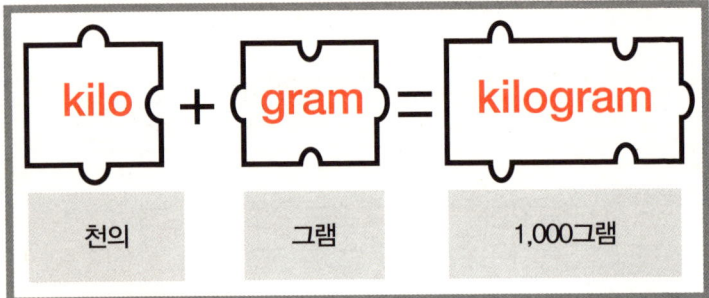

kilo	+	gram	=	kilogram
천의		그램		1,000그램

(to move)
움직이는

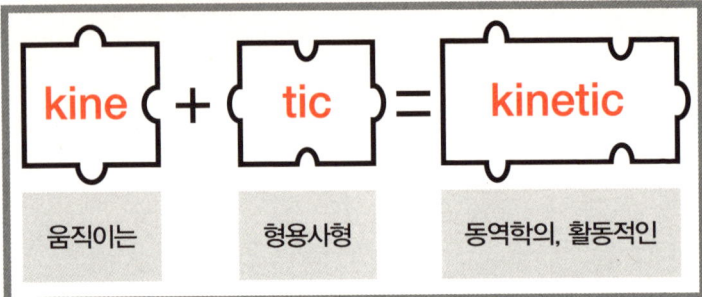

kine	+	tic	=	kinetic
움직이는		형용사형		동역학의, 활동적인

kilobyte
[kíləbait]

명 킬로바이트
- kilo + byte (컴퓨터 바이트) = 1,000바이트

kilocalorie
[kíləkæ̀ləri]

명 킬로칼로리
- kilo + calorie (칼로리) = 1,000칼로리

kilocycle
[kíləsàikl]

명 킬로사이클
- kilo + cycle (주파수) = 1,000헤르츠

kilogram
[kíləgræm]

명 킬로그램
- kilo + gram (그램) = 1,000그램

kiloliter
[kíləlì:tər]

명 킬로리터
- kilo + liter (리터) = 1,000리터

kilometer
[kilάmitər]

명 킬로미터
- kilo + meter (미터) = 1,000미터

kinematic
[kìnəmǽtik]

형 운동학적인
- *kinematic* energy : 운동 에너지

kinesiology
[kinì:siάlədʒi]

명 (신체) 운동학
- applied *kinesiology* : 응용 운동학

kinetic
[kinétik]

형 운동의, 동역학의
반 static : 정적인, 정지 상태의

lin (language)
언어, 언어의

lum (light)
빛, 빛의

lun (moon)
달, 달의, 정신 나간

lingua
[líŋgwə]
- 명 혀, 언어

lingual
[líŋgwəl]
- 형 혀의
  - *lingual* sounds : 설음

linguistic
[liŋgwístik]
- 형 어학의
  - *linguistic* science : 언어학

luminant
[lúːmənənt]
- 형 빛나는

luminary
[lúːmənèri]
- 명 발광체, 조명등
  - *luminary* device : 발광 장치

luminous
[lúːmənəs]
- 형 빛을 내는, 총명한
  - *luminous* energy : 가시광선

lunacy
[lúːnəsi]
- 명 정신 이상, 광기
  - 동 madness : 광기, 정신 착란

lunar
[lúːnər]
- 형 달의
  - *lunar* eclipse : 월식

lunatic
[lúːnətik]
- 형 미친, 발광한
  - a *lunatic* asylum : 정신 병원

macro / mag / mega / megal(o)
(large, big, great, million)
거대한, 대규모의

macro + scale = macroscale
거대한 / 축척, 비율 / 대규모

mag + nify = magnify
거대한 / 동사형 / 확대하다

macroeconomics
[mækrouekəná:mıks]

명 거시 경제학
- ⑱ microeconomics : 미시 경제학

macroscale
[mǽkrouskèil]

명 대규모
- ⑱ microscale : 미시적 규모

macrosociology
[mǽkrousòusiálədʒi]

명 거시 사회학
- micro + sociology (사회학) = 거시 사회학

magnificent
[mægnífəsənt]

형 장엄한
- a *magnificent* spectacle : 장관

magnify
[mǽgnəfài]

동 (렌즈 따위로) 확대하다, 과장하다, 부풀리다
- *magnify* losses : 손실을 부풀리다

magnitude
[mǽgnətjù:d]

명 크기, 양, 중요함
- *magnitude* of force : 힘의 크기

megacity
[mégəsìti]

명 거대 도시
- Busan *megacity* : 부산광역시

megaton
[mégətʌn]

명 백만 톤, 메가톤

megalopolis
[mègəlápəlis]

명 거대 도시

mal

(bad)
안 좋은, 나쁜, 부족한

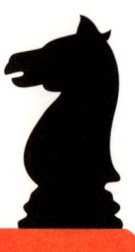

mal	+	content	=	malcontent
안 좋은		만족한		만족하지 못한
mal	+	nutrition	=	malnutrition
부족한		영양, 영양 공급		영양실조

maladapt
[mælədǽpt]

동 부적당하게 적용시키다
- mal + adapt (적용시키다) = 부적당하게 적용시키다

maladjusted
[mæləd3ʌ́stid]

형 조절이 잘 안 되는
- mal + adjusted (조정된, 보정된) = 조정이 안 되는

maladministration
[mæləmínistreiʃn]

명 실정, 부패
- mal + administration (관리, 경영, 지배) = 잘못된 관리

maladroit
[mælədrɔ́it]

형 솜씨 없는, 서투른
- mal + adroit (솜씨 좋은) = 솜씨가 형편없는

malcontent
[mælkəntént]

형 불평을 품은
- mal + content (만족한) = 만족하지 못한

malevolent
[məlévələnt]

형 악의 있는
- **반** benevolent : 호의적인

malfunction
[mælfʌ́ŋkʃən]

명 기능 부전
- mal + function (직무, 기능) = 기능 부실

malice
[mǽlis]

명 악의, 원한
- bear *malice* to a person : ~에게 원한을 품다

malnutrition
[mælnu:tríʃən]

명 영양실조
- mal + nutrition (영양) = 영양실조

man

(hand)
손의, 손으로

man + **(man)age** = **manage**

손으로 — 다루다 — 잘 다루다

man + **(man)ual** = **manual**

손의 — 지침서 — (손에 들어가는) 소책자

manacle
[mǽnəkl]

명 수갑, 속박
- *manacle*-shaped : 수갑 모양으로 된

manage
[mǽnidʒ]

동 잘 다루다, 처리하다
- *manage* a household : 살림을 꾸려 나가다

management
[mǽnidʒmənt]

명 취급, 처리, 관리, 경영
- personnel *management* : 인사 관리

mandate
[mǽndeit]

명 명령, 지령
- a royal *mandate* : 국왕의 칙령

maneuver
[mənúːvər]

명 기동 작전, 계략
- *maneuver* corps : 기동 군단

manipulate
[mənípjəlèit]

동 (교묘히, 부정하게) 조종하다, 능숙하게 다루다
- *manipulate* public opinion : 여론을 교묘히 조종하다

manual
[mǽnjuəl]

형 손으로 하는 **명** 소책자
- a *manual* for students : 학생용 참고서

manufacture
[mæ̀njəfǽktʃər]

동 제조하다
- (동) make : 만들다, 제조하다

manumotive
[mæ̀njəmóutiv]

형 수동의

micro

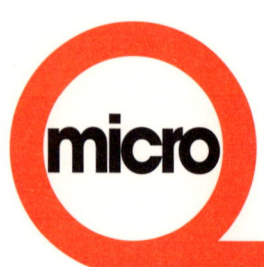

(small)

초소형의, 소형의

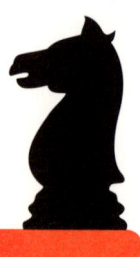

micro	+	biology	=	microbiology
초소형의		생물학		미생물학

micro	+	polis	=	micropolis
소형의		도시		소형 도시

microbiology
[maikroʊbaɪáːlədʒi]
- 명 미생물학
  - micro + biology (생물학) = 미생물학

microchip
[máikroʊtʃip]
- 명 마이크로칩
  - micro + chip (칩) = 마이크로칩

microcircuit
[máikroʊsáːrkit]
- 명 초소형 회로
  - micro + circuit (회로) = 초소형 회로

microcosmic
[màikrəkázmik]
- 형 소우주의
  - micro + cosmic (우주의) = 소우주의

microeconomics
[maikroʊìːkənámiks]
- 명 미시 경제학
  - micro + economics (경제학) = 미시 경제학

microelectronics
[maikroʊilektráːniks]
- 명 초소형 전자 기술
  - micro + electronics (전자 공학 기술) = 초소형 전자 기술

microphone
[máikrəfòun]
- 명 마이크
  - micro + phone (음성기) = 초소형 음성기

micropolis
[maikrápəlis]
- 명 소형 도시
  - micro + polis (도시) = 소형 도시

microscope
[máikrəskòup]
- 명 현미경
  - micro + scope (시각, 시야) = 현미경

mid

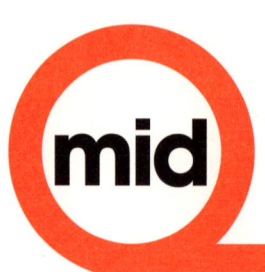

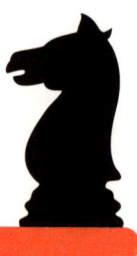

(middle)
중간의, 가운데의

mid	+	field	=	midfield
가운데의		운동장		미드필드, 경기장의 중앙부

mid	+	summer	=	midsummer
중간의		여름		한여름

midday [míddèi]	명 정오, 한낮 • mid + day (일자) = 한낮
middle [mídl]	형 한가운데의 (동) midst : 중앙 한가운데에
midfield [mɪdfi:ld]	명 미드필드, 경기장의 중앙부 • mid + field (운동장) = 경기장 중앙부
midnight [mídnàit]	명 한밤중 • mid + night (밤) = 한밤중
midsemester [mídsiméstər]	명 학기 중간 • mid + semester (한 학기) = 학기 중간
midst [midst]	명 중앙 • from the *midst* of ~ : ~ 한가운데에서
midsummer [mídsʌmər]	명 한여름 • mid + summer (여름) = 한여름
midterm [mídtɜ:rm]	명 중간 시점 • mid + term (기간) = 중간 기간
midway [mídwei]	형 중간쯤의 (동) halfway : 도중의, 중간의

mill

(thousand)
천의, 천 개의

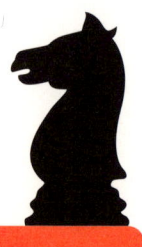

mill + ennium = millennuim

천의	년의 (annual)	천 년기

mill + liter = milliliter

천의	리터	1,000리터

millenary
[mílənèri]

형 천의, 천 년의 명 천년제

millennium
[miléniəm]

명 천 년기
- *millennium* bug :
  컴퓨터가 2000년을 1900년으로 잘못 인식하는 현상

millesimal
[milésəməl]

형 1,000분의 1의
- mill + decimal (십진법의) = 1,000분의 1

milliard
[míljɑːrd]

명 (영국) 10억
- 동 billion : 10억

milligram
[míligræm]

명 밀리그램
- mill + gram (그램) = 0.001그램

milliliter
[míləlìːtər]

명 밀리리터
- mill + liter (리터) = 0.001리터

millimeter
[míləmìːtər]

명 밀리미터
- mill + meter (미터) = 0.001미터

million
[míljən]

명 백만
- *millions* of ~ : 무수한

millionaire
[mìljənéər]

명 백만장자
- be a *millionaire* : 거부가 되다

mis
(wrong, hate)
잘못하여, 그릇된, 나쁘게

mis	+	advise	=	misadvise
그릇된		충고하다		그릇된 충고를 하다

mis	+	hap(pen)	=	mishap
나쁜		발생하다		불운한 일, 재난

misadvise
[mìsədváiz]

통 그릇된 충고를 하다
- mis + advise (충고하다) = 그릇된 충고를 하다

misbelieve
[mìsbilíːv]

통 그릇 믿다, 믿지 않다
- mis + believe (믿다) = 그릇 믿다, 잘못 믿다

mischief
[místʃif]

명 해악, 악영향
- do *mischief* to ~ : ~에게 (큰) 손해를 주다

misfit
[mísfit]

명 부적합
- mis + fit (알맞은, 적당한) = 적당하지 않은

misfortune
[misfɔ́ːrtʃən]

명 불운, 불행
- mis + fortune (운, 행운) = 불운, 불행

mishap
[míshæp]

명 불운한 일, 재난
- without *mishap* : 무사히

misinform
[mìsinfɔ́ːrm]

통 잘못 전하다, 오해하게 하다
- mis + inform (보고하다, 통지하다) = 잘못 전하다

misspell
[mìsspél]

통 ~의 철자를 잘못 쓰다
- mis + spell (철자하다) = 철자를 잘못 쓰다

mistake
[mistéik]

명 잘못
- 동 error : 잘못, 실수

mono

(one, single)
1인의, 혼자의

mono + drama = monodrama

혼자의　　드라마　　1인극

mono + poly = monopoly

1인의　　여러 개　　독점

monocracy
[mounákrəsi]

명 독재 정치
- mono + cracy (정치 계급) = 독재 정치

monodrama
[má:nədrɑ:mə]

명 1인극
- mono + drama (드라마) = 1인 독백 드라마

monogram
[má:nəgræm]

명 모노그램 (성명 첫 글자 등을 도안화하여 짜맞춘 글자)
- mono + gram (기록, 그림, 문자) = 모노그램

monograph
[má:nəgræf]

명 전공 논문
- mono + graph (도표, 표식) = 특정 테마에 대한 논문

monolingual
[mɑ:nəlíŋgwəl]

형 1개 국어를 사용하는
- mono + lingual (언어의) = 1개국 언어를 사용하는

monologue
[mánəlɔ:g]

명 독백
- mono + logue (담화) = 혼자서 하는 속 대화

monopoly
[mənápəli]

명 독점
- mono + poly (다중, 복합) = 혼자서 모든 것을 독점하는 것

monorail
[má:noʊreɪl]

명 단궤 철도, 모노레일
- mono + rail (철도) = 모노레일

monotone
[mánətòun]

명 단조
- mono + tone (음질, 음색) = 단조로운 소리

(many)
많은, 다중의

multi	+	lateral	=	multilateral
다중의		옆의, 측면의		다변의

multi	+	ply	=	multiply
많은		동사형		늘리다, 증가시키다

multicellular
[mÀltiséljələr]

형 다세포의
- multi + cellular (세포의) = 다세포의

multicolored
[mʌltikʌ́lərd]

형 다색의
- multi + colored (색의) = 다색의

multilateral
[mʌltilǽtərəl]

형 다변의
- multi + lateral (옆의, 측면의) = 다변의

multilingual
[mʌltilíŋgwəl]

형 여러 나라 말을 하는
- multi + lingual (언어의) = 다중 언어의

multimedia
[mʌltimí:diə]

명 멀티미디어
- multi + media (매스컴) = 멀티미디어

multinational
[mʌltinǽʃənəl]

형 다국적의
- multi + national (국가의) = 다국적의

multiple
[mʌ́ltəpəl]

형 복합의, 복식의 **명** 배수
- *multiple* operation : 다각 경영

multiply
[mʌ́ltəplai]

동 늘리다, 증가시키다
- (동) increase : 증가시키다

multitude
[mʌ́ltitju:d]

명 다수
- a *multitude* of ~ : 다수의

neo new

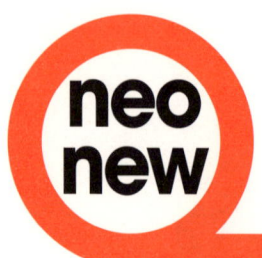

(new)

새로운, 신

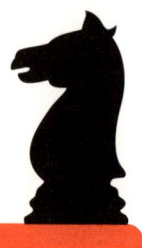

neo	+	classic	=	neoclassic
신		고전주의의		신고전주의의

new	+	born	=	newborn
새로운		태어난		갓 난, 신생의

neoclassic [nìːouklǽsik]	형 신고전주의의 • neo + classic (고전의) = 신고전주의의
neologism [niːálədʒìzəm]	명 신조어 • Internet *neologism* : 인터넷 신조어
neonate [níːənèit]	명 신생아 • preterm *neonate* : 예정일보다 빨리 태어난 신생아
newborn [nuːbɔːrn]	형 갓 난, 신생의 • new + born (태어난) = 갓 태어난
newcome [njúːkʌm]	형 새로 온 • newcomer : 명 신참
newfound [njuːfaund]	형 새로 발견된 • new + found (발견된) = 새로 발견된
newish [njúːiʃ]	형 다소 새로운
newly [njúːli]	부 최근 • *newly* released : 새롭게 출시된
newlywed [njúːliwèd]	형 갓 결혼한 • a *newlywed* couple : 신혼 부부

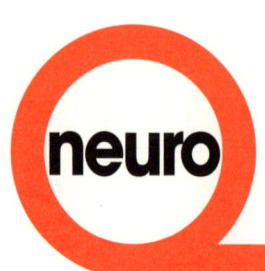

neuro
(nerve)
신경, 신경 조직

neuro	+	active	=	neuroactive
신경		활동적인, 생생한		신경, 자극성의

neuro	+	logy	=	neurology
신경		학문, 이론		신경학

neuroactive
[njùərouǽktiv]

형 신경 자극성의
- *neuroactive* drug : 신경 활성 약제

neurobiology
[njùəroubaiáləd3i]

명 신경 생물학
- neuro + biology (생물학) = 신경 생물학

neurochemistry
[njùəroukémistri]

명 신경 화학
- neuro + chemistry (화학) = 신경 화학

neurogenetics
[njùəroud3ənétiks]

명 신경 유전학
- neuro + genetics (유전학) = 신경 유전학

neurology
[njuəráləd3i]

명 신경학
- neuro + logy (이론, 학문) = 신경학

neuron
[njúərɑn]

명 신경 단위, 뉴런
- sensory *neuron* : 감각 신경 세포

neuropsychic
[njùərousáikik]

형 신경 정신성의
- neuro + psychic (마음의, 심적인) = 신경 정신성의

neuroscience
[nʊrousáiəns]

명 신경 과학
- neuro + science (과학) = 신경 과학

neurosis
[njuəróusis]

명 신경증, 노이로제
- severe *neurosis* : 심각한 노이로제

non
(not)
~이 아닌, ~이 없는

non + **productive** = **nonproductive**

~이 아닌 / 생산적인 / 비생산적인

non + **sense** = **nonsense**

~이 아닌 / 감각, 이해, 의미 / 무의미

nonalcoholic
[nànælkəhɔ́ːlik]
형 알코올을 함유하지 않은
- non + alcoholic (알코올성의) = 알코올을 함유하지 않은

nonpolitical
[nànpəlítikəl]
형 비정치적인
- non + political (정치적인) = 비정치적인

nonpolluting
[nànpəlúːtiŋ]
형 오염시키지 않는
- non + polluting (오염시키는) = 오염시키지 않는

nonproductive
[nànprədʌ́ktiv]
형 비생산적인
- non + productive (생산적인) = 비생산적인

nonprofessional
[nànprəféʃənl]
형 직업이 아닌, 전문이 아닌
- non + professional (전문적인) = 비전문적인

nonprofit
[nànpráfit]
형 이익이 없는, 비영리적인
- non + profit (이익, 수익) = 이익이 없는

nonsense
[nánsens]
명 무의미, 난센스
- non + sense (의미) = 의미 없는 허튼 말

nonsocial
[nànsóuʃəl]
형 비사교적인
- non + social (사교적인) = 비사교적인

nonstop
[nánstɑp]
형 도중에서 멎지 않는, 연속의
- *nonstop* talk : 쉴 새 없는 지껄임

num
(number)
수, 숫자

---

num	+	(e)rate	=	numerate
수		동사형		수를 세다

num	+	(e)rous	=	numerous
수		형용사형		다수의

numerable
[njúːmərəbəl]

형 셀 수 있는
- 동 countable : 셀 수 있는

numeral
[njúːmərəl]

형 수의, 수를 나타내는
- the Arabic *numerals* : 아라비아 숫자

numerary
[njúːmərèri]

형 수의

numerate
[njúːmərèit]

동 세다
- 동 enumerate : 일일이 세다, 열거하다

numeration
[njùːməréiʃən]

명 세는 법
- decimal *numeration* : 십진법

numeric
[njuːmérik]

명 수, 분수
- *numeric* keypad : 숫자판

numerical
[njuːmérikəl]

형 수의
- in *numerical* order : 번호순으로

numerology
[njùːmərálədʒi]

명 숫자점

numerous
[njúːmərəs]

형 다수의, 수많은
- 동 many : 많은

week 6

일빵빵 + 말·머·리·불·잡·기·영·어·단·어

ob

(against)
반대의, ~에 맞서는

---

ob	+	ject	=	object
반대의		동사형		반대하다

ob	+	jection	=	objection
반대의		명사형		반대, 의의

object
[άbdʒekt]

명 물체, 대상 **동** 반대하다
- 동 thing : 물체 / disagree : 의견이 다르다

objectionable
[əbdʒékʃənəbəl]

형 반대할 만한
- an *objectionable* manner : 불쾌한 태도

objection
[əbdʒékʃən]

명 반대, 이의
- have an *objection* to ~ : ~에 이의가 있다

obligate
[άbləgèit]

동 ~에게 의무를 지우다
- be *obligated* to ~ : ~할 의무가 있다

obscene
[əbsíːn]

형 외설한, 추잡한
- *obscene* language : 음탕한 말

obscure
[əbskjúər]

형 어두운, 모호한
- 동 dim : 어둑한, 흐린

obstacle
[άbstəkəl]

명 장애물
- *obstacle* race : 장애물 경주

obstinate
[άbstənit]

형 끈질긴, 완강한
- 동 stubborn : 완고한, 고집 센

obstruct
[əbstrʌ́kt]

동 막다, 차단하다
- *obstruct* a road : 길을 막다, 차단하다

of / op

(against)
반대의, ~에 맞서는

of + (of)**fense** = **offense**

반대의   명사형   반칙, 위반

op + **pose** = **oppose**

반대의   자세를 취하다   ~에 반대하다

offend
[əfénd]

동 성나게 하다, 위반하다
- The noise *offends* the ear : 그 소리는 귀에 거슬린다

offense
[əféns]

명 위반, 반칙
- a traffic *offense* : 교통 위반

offensive
[əfénsiv]

형 불쾌한, 싫은, 마음에 안 드는
- an *offensive* sight : 불쾌한 광경

opacity
[oupǽsəti]

명 불투명
- 동 opaqueness : 불투명(체)

opaque
[oupéik]

형 불투명한
- 반 lucid : 맑은, 투명한

opponent
[əpóunənt]

형 반대하는, 적대하는 명 적, 대항자
- 동 rival : 맞수

oppose
[əpóuz]

동 ~에 반대하다
- *oppose* the enemy : 적에 대항하다

opposite
[ápəzit]

형 맞은편의, 반대쪽의
- *opposite* meanings : 정반대의 의미

oppress
[əprés]

동 압박하다, 억압하다
- *oppress* the poor : 가난한 자를 억압하다

(all, every)
전체의, 총합의

omni + vorous = omnivorous

전체 / ~을 먹이로 하는 / 잡식성의

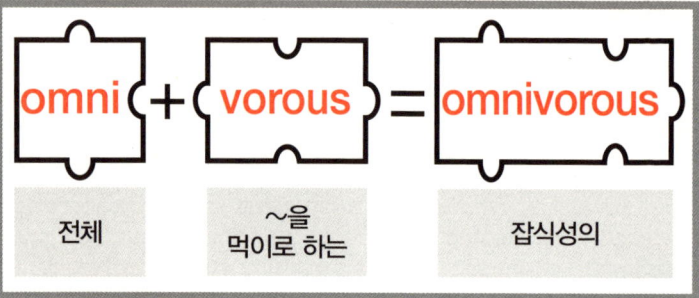

(right, straight)
바른, 곧은

ortho + dox = orthodox

곧은 / 설, 의견 / 정설의, 정통파의

omnibus
[ámnəbʌs]

명 승합 자동차
- omni + bus (버스) = 승합 자동차

omnicompetent
[àmnikámpətənt]

형 전권을 가진
- omni + competent (자격이 있는, 권한이 있는) = 전권을 가진

omnidirectional
[ɑːmnɪdərékʃənl]

형 전 방향성의
- omni + directional (방향의) = 사방으로 전 방향성의

omnifaceted
[àmnifǽsitid]

형 모든 면에 걸친
- omni + faceted (면에 접한) = 모든 면에 걸친

omnifocal
[àmnifóukəl]

형 전 초점의
- omni + focal (초점의) = 모든 초점에 맞는

omnivorous
[ɑmnívərəs]

형 무엇이나 먹는, 잡식성의
- omni + vorous (~을 먹이로 하는) = 아무거나 다 잘 먹는

orthodox
[ɔ́ːrθədɑ̀ks]

형 정설의, 정통파의
- **반** heterodox : 이단의

orthography
[ɔːrθɑ́grəfi]

명 바른 철자, 정자법
- reformed *orthography* : 개정 철자법

orthopedic
[ɔːrθoupíːdik]

형 정형외과의
- ortho + pedic (골격, 다리) = 골격을 펴는

out (out, more than)
밖으로, ~를 능가하는

out + **class** = **outclass**

~를 능가하는 | 계층, 계급 | ~보다 고급이다

out + **law** = **outlaw**

밖으로 | 법 | 무법자, 범법자

outbreak
[áutbrèik]

명 발발, 창궐, 폭동
- the *outbreak* of war : 전쟁의 발발

outclass
[áutklæs]

동 ~보다 고급이다
- out + class (계급) = 계급을 능가하다

outdoor
[áutdɔːr]

형 집 밖의, 야외의
- 반 indoor : 옥내의

outfit
[áutfit]

명 채비, 장비, 의상 한 벌
- out + fit (옷의 만듦새) = 밖으로 맞춰 입는 의상

outlaw
[áutlɔː]

명 무법자
- out + law (법) = 법을 벗어나 어긴 사람

outline
[áutlàin]

명 윤곽, 개요
- out + line (선, 외곽) = 윤곽

outlook
[áutlùk]

명 조망, 예측
- out + look (바라보다) = 조망, 멀리 내다보는 예측

outrage
[áutrèidʒ]

명 격노, 격분
- feel *outrage* : 분개를 느끼다

outstand
[àutstǽnd]

동 눈에 띄다, 돌출하다
- out + stand (위치해 있다) = 밖으로 있어서 눈에 띄다

일빵빵 + 말·머·리·붙·잡·기 **영어단어**

(over)
~를 초과하는

over	+	due	=	overdue
~를 초과하는		지급 만기가 된		기한이 지난

over	+	whelm	=	overwhelm
~를 초과하는		압도하다		제압하다, 궤멸시키다

170

overbear
[òuvərbéər]

동 위압하다, 압박하다
- over + bear (견디다) = 견디는 것을 초과하게 만들다

overcharge
[ouvərtʃá:rdʒ]

동 ~에게 부당한 값을 요구하다
- over + charge (부과하다) = 초과로 부과하다

overcome
[òuvərkʌ́m]

동 극복하다
- 동 defeat : 이기다, 쳐부수다

overdue
[ouvərdú:]

형 기한이 지난
- *overdue* debt : 연체 채무

oversea
[óuvərsí:]

형 해외의
- go *oversea* : 해외로 가다

overtake
[òuvərtéik]

동 ~을 따라잡다, 추월하다, 압도하다
- *overtake* a truck : 트럭을 추월하다

overture
[óuvərtʃər]

명 신청, 제안, 서곡
- an *overture* of marriage : 결혼 신청

overturn
[òuvərtə́:rn]

동 전복시키다, 뒤집어엎다
- over + turn (돌리다) = 위아래로 돌리다

overwhelm
[òuvərhwélm]

동 압도하다, 제압하다
- over + whelm (압도하다) = 완전히 압도해 버리다

(top)
정상의, 꼭대기의

(foot)
발, 발의

(five)
다섯의, 다섯 개의

parachute
[pǽrəʃùːt]

명 낙하산
- a *parachute* descent : 낙하산 강하

paragon
[pǽrəgàn]

명 모범, 본보기
- a *paragon* of beauty : 미의 전형

paramount
[pǽrəmàunt]

형 최고의, 주요한
동 principal : 주요한, 주된

pedal
[pédl]

명 페달
동 treadle : 페달을 밟다

peddle
[pédl]

동 행상하다, 소매하다
동 sell : 돈을 받고 팔다

pedestal
[pédəstl]

명 받침대, 다리
동 foundation : 기초

pedestrian
[pədéstriən]

형 도보의, 보행하는
- a *pedestrian* tour : 도보 여행

pedicure
[pédikjùər]

명 발 치료, 페디큐어
반 manicure : 손톱 손질하다

pentagon
[péntəgàːn]

명 오각형
- the *Pentagon* : 미국 국방부

per

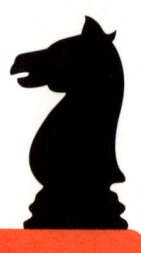

(through)

~을 통하여,
~를 꿰뚫어 가는

per	+	form	=	perform
~를 통하여		형성하다		공연하다

per	+	severe	=	persevere
~를 꿰뚫어 가는		호된, 가혹한		참다, 견디다

perceive
[pərsíːv]

동 지각하다, 감지하다
- 동 notice, recognize : 알아차리다

percept
[pə́ːrsept]

명 지각의 대상
- depth *percept* : 깊이에 대한 지각

perforate
[pə́ːrfəreit]

동 구멍을 내다, 꿰뚫다
- 동 punch, pierce : 꿰뚫다, 관통하다

perform
[pərfɔ́ːrm]

동 실행하다, 공연하다
- *perform* a piece of music : 곡을 연주하다

permeate
[pə́ːrmieit]

동 스며들다, 침투하다
- 동 pass through : 스며들다

permute
[pəːrmjúːt]

동 변경하다, 교환하다
- 동 replace : 교환하다

persevere
[pəːrsəvíər]

동 참다, 견디다
- 동 endure : 참다, 견디다

persuade
[pəːrswéid]

동 설득해서 하게 하다
- 반 dissuade : 설득해서 단념시키다

perturb
[pərtə́ːrb]

동 교란하다, 동요하게 하다
- 동 alarm : 놀라게 해서 불안하게 만들다

(around)
주변, 근처의

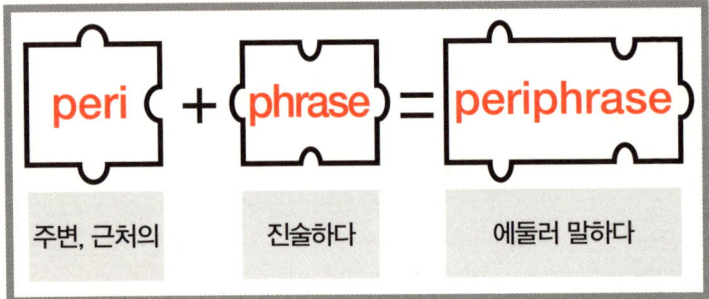

peri	phrase	periphrase
주변, 근처의	진술하다	에둘러 말하다

(many)
많은, 중복의

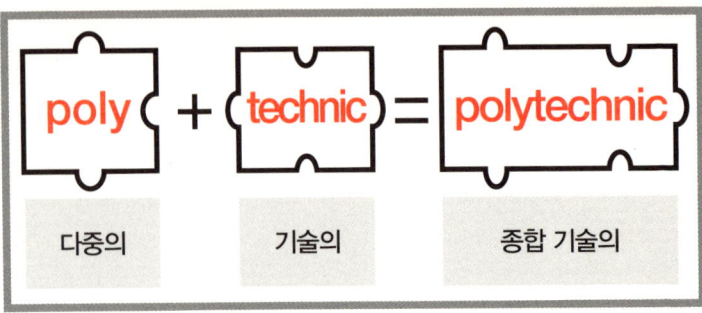

poly	technic	polytechnic
다중의	기술의	종합 기술의

perimeter
[pərímitər]

명 둘레
- 동 boundary : 경계(선)

period
[píəriəd]

명 기간, 시대
- a transition *period* : 과도기

periphery
[pərí:fəri]

명 주위
- *periphery* theory : 종속 이론

periphrase
[pérəfrèiz]

동 에둘러 말하다
- peri + phrase (말솜씨) = 둘레로 빙빙 돌려 말하다

periscope
[pérəskòup]

명 잠망경
- peri + scope (시야 영역) = 잠망경

polyclinic
[pὰliklínik]

명 종합 진료소
- poly + clinic (진료소) = 복합 진료소

polygamy
[pəlígəmi]

명 일부다처제
- 반 monogamy : 일부일처제

polygon
[páligὰn]

명 다각형
- a regular *polygon* : 정다각형

polytechnic
[pὰ:litéknik]

형 종합 기술의
- a *polytechnic* school : 종합 기술 학교

(after)
~ 이후의, 후대의

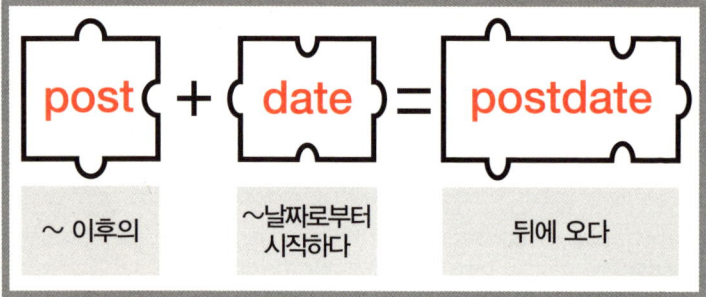

post	date	postdate
~ 이후의	~날짜로부터 시작하다	뒤에 오다

pre **(before)**
~ 이전의, 앞선, 미리

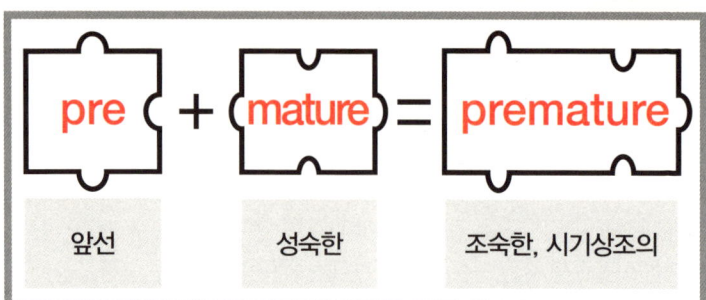

pre	mature	premature
앞선	성숙한	조숙한, 시기상조의

postdate
[pòustdéit]
동 (시간적으로) 뒤에 오다
- His fame as an artist *postdated* his death : 그의 명성은 사후에 나타났다

postmodernism
[poustmá:dərnɪzəm]
명 포스트모더니즘
- age of *postmodernism* : 포스트모더니즘 시대

postpone
[poustpóun]
동 연기하다
- 유 put off, delay : 늦추다, 연기하다

precaution
[prikɔ́:ʃən]
명 조심, 예방책
- pre + caution (주의) = 미리 주의함

precede
[prisí:d]
동 ~에 선행하다
- pre + cede (go) = 먼저 앞서 가다

precedent
[présɪdənt]
명 선례, 판례
- without *precedent* : 전례 없는

precondition
[pri:kəndíʃən]
명 전제 조건
- pre + condition (조건) = 전제 조건

predecessor
[prédisèsər]
명 전임자, 선배
- 반 successor : 상속자, 후계자

predict
[pridíkt]
동 예언하다
- pre + dict (tell) = 미리 말하다

preface
[préfəs]

명 서문, 머리말
동 introduction : 머리말, 소개말

---

preferred
[prifə́:rd]

형 선취권이 있는, 발탁된
- *preferred* stock : 우선주(식)

---

prejudice
[prédʒədis]

명 편견, 선입관
- pre + judice (판단) = 미리 판단해 버림

---

premature
[prìːmətjúər]

형 조숙한, 시기상조의
- a *premature* birth : 조산

---

premier
[primíər]

명 수상 형 첫째의, 최초의
동 chief : 계급에서 최고위자인

---

preliminary
[prilímənèri]

형 예비의
- a *preliminary* examination : 예비 시험

---

preoccupation
[priɑːkjupéiʃn]

명 선취, 선점
- pre + occupation (점유) = 선점

---

prepare
[pripéər]

동 준비하다
- *prepare* a lesson : 학과 예습을 하다

---

preposition
[prèpəzíʃən]

명 전치사
- pre + position (위치) = 앞에 위치한 품사

prerequisite
[priːrékwəzɪt]

형 미리 필요한 명 선행 조건
- pre + requisite (필수의) = 미리 필요한

prescribe
[priskráib]

통 규정하다
- pre + scribe (쓰다) = 미리 규정하다, 지정하다

preserve
[prizə́ːrv]

통 보전하다, 유지하다
- *preserve* order : 질서를 유지하다

prestige
[prestíːdʒ]

명 위신, 명성
- national *prestige* : 국위

presume
[prizúːm]

통 추정하다
- pre + sume (가정하다) = 미리 가정하다

prevent
[privént]

통 막다, 예방하다, 방해하다
- Business *prevented* him from going : 일 때문에 그는 못 갔다

preview
[príːvjùː]

명 예비 검사, 시사회, 예고편
- pre + view (보기) = 미리 보기, 시사회

previous
[príːviəs]

형 앞의, 이전의
- ⑧ preceding : 이전의, 바로 전의

prevision
[privíʒən]

명 선견, 예지
- pre + vision (시각) = 선견

(forward)
앞으로, 전방으로

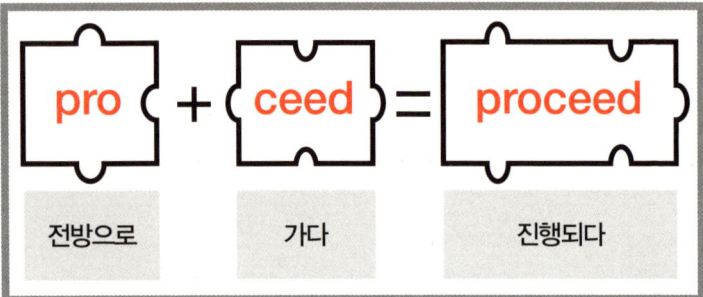

전방으로 / 가다 / 진행되다

(first)
원시의, 최초의, 제1의

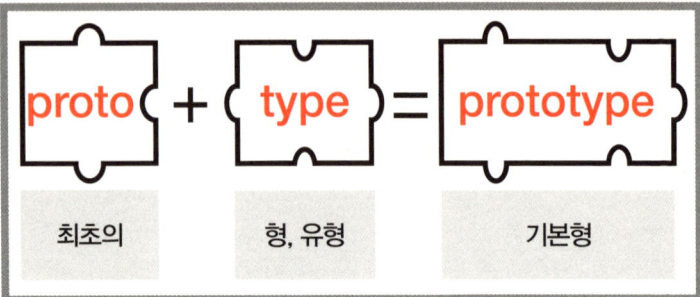

최초의 / 형, 유형 / 기본형

probably
[prábəbli]

부 아마
- 동 perhaps : 아마도

proceed
[prousíːd]

동 나아가다, 진행되다
- pro + ceed (go) = 진행되다

process
[práses]

명 진행, 경과
- pro + cess (go) = 진행

proclaim
[proukléim]

동 포고하다
- *proclaim* war : 선전 포고하다

product
[prádəkt]

명 생산품, 결과
- natural *products* : 천연 산물

professional
[prəféʃənəl]

형 직업상의, 전문의
- 반 amateur : 아마추어

progress
[prágres]

명 전진, 진행
- pro + gress (go) = 앞으로 감

project
[prədʒékt]

동 계획하다
- 동 plan : 계획하다

prolong
[proulɔ́ːŋ]

동 늘이다, 연장하다
- pro + long (늘이다) = 앞으로 늘이다

prominent [prάmənənt]	형 현저한, 두드러진 동 outstanding : 특출한
promote [prəmóut]	동 진전시키다, 승진시키다 반 demote : 강등시키다
prompt [prɑmpt]	형 신속한 동 quick : 빠른, 신속한
pronoun [próunàun]	명 대명사 • pro + noun (명사) = 명사 앞에서 대신하는 품사
pronounce [prənáuns]	동 발음하다 • *pronounce* clearly : 똑똑히 발음하다
propel [prəpél]	동 추진하다 동 launch : 진수하다, 내보내다
prophecy [prάfəsi]	명 예언 • a fatal *prophecy* : 결정적 예언
propose [prəpóuz]	동 신청하다, 제안하다 동 offer, suggest : 제안하다
protect [prətékt]	동 보호하다 동 defend : 방어하다

protest
[prətést]
동 항의하다, 이의를 제기하다
- *protest* about the expense : 비용에 관해 이의를 제기하다

provide
[prəváid]
동 공급하다
- 동 give : 주다

provoke
[prəvóuk]
동 (감정 따위를) 일으키다
- 동 irritate : 성나게 하다

prosecute
[prásəkjù:t]
동 기소하다, 소추하다
- *prosecute* a case : 공소 제기하다

prospect
[práspekt]
명 조망, 예상
- 반 retrospect : 회고, 회상, 회구

prosper
[práspər]
동 번영하다
- 동 succeed : 성공하다

prosperous
[práspərəs]
형 번영하는, 성공한
- *prosperous* business : 번창하고 있는 사업

protocol
[próutəkàl]
명 원본, 의정서
- a peace *protocol* : 평화 의정서

prototype
[próutoutàip]
명 원형, 기본형
- 동 model : 모범, 본보기

re

(again, against)
다시, ~에 저항하여

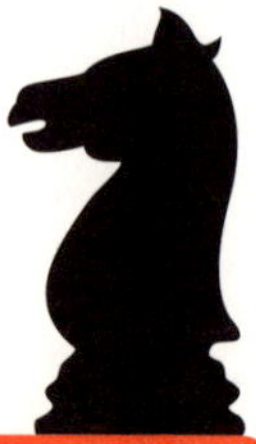

re + **bel(lum)** = **rebel**

~에 저항하여 | 전쟁, 싸움 | 반역자

retro

(behind)
~뒤에, 늦어서

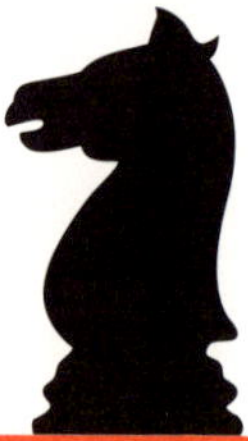

retro + **spect** = **retrospect**

~뒤에 | 생각하다 | 회고, 회상

react
[riːǽkt]
동 서로 작용하다
- re + act (작용하다) = 다시 작용하다

rebel
[rébəl]
명 반역자
- *rebel* forces : 반란군

receive
[risíːv]
동 받다, 버티다
- (동) take, get : 받다

recognize
[rékəgnàiz]
동 알아내다, 인지하다
- (동) perceive : 감각적으로 알아보다

recommend
[rèkəménd]
동 추천하다
- *recommend* him as a cook : 그를 조리사로 추천하다

recover
[rikʌ́vər]
동 되찾다, 회복하다
- *recover* a stolen watch : 도둑맞은 시계를 되찾다

recruit
[rikrúːt]
동 신병을 들이다
- *recruit* teachers from abroad : 교사를 해외에서 모집하다

reflect
[riflékt]
동 반사하다, 반성하다, 회고하다
- *reflect* heat : 열을 반사하다

reform
[rifɔ́ːrm]
동 개혁하다, 개정하다
- re + form (형태) = 다시 형태를 만들다

reject
[ridʒékt]

거절하다
- 통 refuse : 거절하다

remember
[rimémbər]

생각해 내다, 기억해 두다
- 통 recollect : 회상하다

remind
[rimáind]

~에게 생각나게 하다
- re + mind (마음) = 마음속에 생각나게 하다

remove
[rimúːv]

~을 옮기다, ~을 제거하다
- re + move (옮기다) = 다시 옮기다

repair
[ripéər]

수리하다
- 통 mend : 수선하다, 고치다

replace
[ripléis]

되돌리다, ~에 대신하다
- re + place (놓다) = 다시 제자리에 놓다

repeat
[ripíːt]

반복하다
- Don't *repeat* a mistake : 실수를 반복하지는 마라

reply
[riplái]

대답하다
- 통 answer : 응답하다, 대답하다

resist
[rizíst]

~에 저항하다
- re + sist (stand) = 다시 버티다, 견디다

repel
[ripél]

동 쫓아버리다, 반박하다
- *repel* the enemy : 적을 격퇴하다

respond
[rispánd]

동 응답하다
- (동) answer : 응답하다

retreat
[ritríːt]

동 물러가다, 후퇴하다, 퇴각하다
- *retreat* from the front : 전선에서 후퇴하다

restrict
[ristríkt]

동 제한하다
- (동) limit : 제한하다

retire
[ritáiər]

동 은퇴하다, 물러가다
- *retire* from business : 사업에서 물러나다

restore
[ristɔ́ːr]

동 되찾다, 반환하다
- (동) renew : 복구하다, 복원하다

retrocede
[rètrəsíːd]

동 반환하다
- retro + cede (go) = 원래대로 가다, 돌려주다

retrograde
[rétrəgrèid]

형 후퇴하는, 퇴보하는
- retro + grade (등급) = 등급이 후퇴하는, 퇴보하는

retrospect
[rétrəspèkt]

명 회고, 회상
- (반) prospect : 전망

189

week 7

일빵빵 + 말·머·리·붙·잡·기·영·어·단·어

se (apart)
~떨어져, ~없이

se	+	cede	=	secede
~떨어져		가다		탈퇴하다

se	+	clude(close)	=	seclude
~떨어져		닫다		분리하다, 격리하다

secede
[sisíːd]

동 정식으로 탈퇴하다
- *secede* from the union : 조합을 탈퇴하다

secession
[siséʃən]

명 탈퇴, 분리
- se + cession (go) = 떨어져 따로 감

seclude
[siklúːd]

동 분리하다, 격리하다
- se + clude (close) = 격리하다

secret
[síːkriːt]

형 비밀의, 극비의

seduce
[sidjúːs]

동 유혹하다, 매혹시키다
- se + duce (끌다) = 떨어져서 끌다, 유혹하다

segmental
[segméntl]

형 단편의, 조각의
- a *segmental* sound : 분절음

segregate
[ségrigèit]

동 분리하다
- **동** separate, isolate : 격리하다, 분리하다

separate
[sépərèit]

동 잘라서 떼어 놓다
- **동** divide : 나누다, 분리하다

severance
[sévərəns]

명 절단, 단절, 고용 해지
- *severance* pay : 퇴직금

self

(I, ego)
자신의, 스스로

self + confident = self-confident

자신의 | 확신하는 | 자신감 있는

self + less(without) = selfless

자신의 | ~이 없는 | 사심 없는

self-abandoned [sélfəbǽndənd]	형 자포자기의
self-analysis [sélfənǽləsis]	명 자기 분석
self-aware [sélfəwéər]	형 자기를 인식하는
self-control [sélfkəntróul]	명 자제력
self-confident [sélfkánfidənt]	형 자신감 있는
self-interest [sélfíntərist]	명 사리사욕
selfish [sélfiʃ]	형 이기적인
selfless [sélfləs]	형 이타적인, 사심 없는 동 sacrificial : 이타적인
self-sacrifice [sélfsǽkrəfàis]	명 자기희생

semi

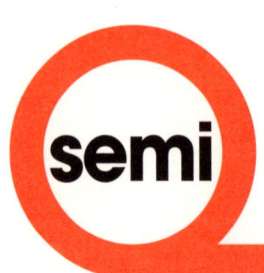

(half)
반의, 절반의

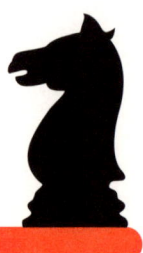

semi	+	annual	=	semiannual
반의		1년마다		반년마다, 연 2회
semi	+	skilled	=	semiskilled
반의		숙련된		반 정도 숙련된

semiannual
[sèmiǽnjuəl]
형 반년마다의, 연 2회의
- semi + annual (1년의) = 반년마다의

semiautomatic
[sèmióːtəmǽtik]
형 반자동식의
- semi + automatic (자동식의) = 반자동식의

semicircle
[sémisəːrkl]
명 반원
- semi + circle (원) = 반원

semicolon
[sémikòulən]
명 세미콜론
- semi + colon (:) = semicolon (;)

semiconscious
[sèmikánʃəs]
형 의식이 완전치 않은
- semi + conscious (의식이 깬) = 의식이 완전치 않은

semifinal
[sèmifáinl]
명 준결승
- semi + final (결승) = 결승으로 갈 수 있는 반쪽 권리

semilunar
[sèmilúːnər]
형 반달꼴의
- semi + lunar (달의) = 반달의

semiskilled
[semiskíld]
형 다소 숙련을 요하는
- semi + skilled (숙련된) = 완전히 숙련되지 못한

semitransparent
[sèmitrænspéərənt]
형 반투명의
- semi + transparent (투명한) = 반투명한

(one, single)
단독의, 홀로의

(sound)
소리의, 음향의

(round)
둥근, 원형의

solely [sóulli]	부 혼자서, 오로지 동 only : 오로지
soundless [saʊndləs]	형 소리가 나지 않는 • sound + less (without) = 소리가 없는
soundman [sáundmæn]	명 음향 효과 담당 동 sound mixer : 음향 담당
soundproof [saʊndpruːf]	형 방음의 • a *soundproof* studio : 방음 스튜디오
soundtrack [saʊndtræk]	명 (한 영화의 전체적인) 녹음 부분 • *soundtrack* album : 영화 음악 앨범
spheral [sfíərəl]	형 구의
sphere [sfiər]	명 구체
spheric [sférik]	형 구체의
spherical [sférikəl]	형 구의, 구면의 • a *spherical* surface : 구면

일빵빵 + 말·머·리·붙·잡·기 영어단어

sub / suf / sug / sup / sus
(under)
~아래에, ~밑에

sub + **marine** = **submarine**

~아래에 | 바다의, 해양의 | 잠수함, 해저의

sub + **scribe(write)** = **subscribe**

~아래에 | 쓰다 | 문서 밑에 쓰다, 응모하다, 신청하다

subculture [sʌ́bkʌltʃər]	명 하위문화 • sub + culture (문화) = 하위문화
subdue [səbdjúː]	동 정복하다 ⑧ defeat : 부수다, 이기다
subjection [səbdʒékʃən]	명 정복, 복종 • in *subjection* to ~ : ~에 복종하여
submarine [sʌ́bməriːn]	명 잠수함 형 해저의 • sub + marine (해양) = 잠수함
submerge [səbmə́ːrdʒ]	동 물속에 잠그다 • sub + merge (합병하다) = 물속에 담그다
submission [səbmíʃən]	명 복종, 항복, 제출 ⑧ obedience : 복종
submit [səbmít]	동 복종시키다, 제출하다 • sub + mit (전하다) = 아랫사람으로서 제출하다
subordinate [səbɔ́ːrdənit]	형 (계급, 지위가) ~아래의 ⑧ inferior : ~보다 못한, 질 낮은
subscribe [səbskráib]	동 기부하다, (성명 따위를) 문서의 밑에 쓰다 • sub + scribe (쓰다) = 문서 밑부분에 서명을 쓰다

subsequent [sʌ́bsikwənt]	형 뒤의, 다음의 동 consequent : 결과로서 일어나는
subside [səbsáid]	동 가라앉다 동 sink : 가라앉다
subtitle [sʌ́btaɪtl]	명 부제, 대사 자막 • sub + title (제목) = 부제, 자막
substitute [sʌ́bstitjùːt]	동 ~을 대신하다 • *substitute* a new technique : 새로운 기술로 대체하다
subtle [sʌtl]	형 미묘한, 희박한 • a *subtle* difference : 미묘한 차이
suburb [sʌ́bəːrb]	명 교외 • sub + urb(an) (도시) = 도시 외곽
subway [sʌ́bwèi]	명 지하철 • sub + way (찻길) = 지하철
suffer [sʌ́fər]	동 경험하다, ~에 견디다 • *suffer* from the lack of funds : 자금 부족으로 고민하다
suggest [səgdʒést]	동 암시하다, 제안하다 동 propose : 제안하다

suggestion
[səgdʒéstʃən]

명 암시, 시사, 제안
- by *suggestion* : 연상하여

supplicate
[sʌ́pləkèit]

동 탄원하다
- *supplicate* for pardon : 용서를 빌다

support
[səpɔ́:rt]

동 지탱하다, 후원하다
- *support* a family : 가족을 부양하다

suppress
[səprés]

동 억압하다, 진압하다
- sup + press (누르다) = 아래로 누르다

susceptible
[səséptəbəl]

형 느끼기 쉬운, 다정다감한, 병에 걸리기 쉬운
- *susceptible* to colds : 감기에 걸리기 쉬운

suspect
[səspékt]

동 의심하다
- **동** doubt : 의심하다

suspicious
[səspíʃəs]

형 의심스러운
- a *suspicious* look : 의심쩍은 눈초리

suspend
[səspénd]

동 매달다, 중지하다
- *suspend* payment : 지급을 중지하다

sustain
[səstéin]

동 떠받치다, 유지하다
- **동** support : 지탱하다, 버티다

super / supra (above)
~위에, ~을 초월하는

super + **nova** = **supernova**

~을 초월하는 / 신성 / 초신성

supra + **national** = **supranational**

~을 초월하는 / 국가의 / 초국가적인

superb
[supə́:rb]

형 훌륭한
- 동 majestic, splendid : 훌륭한

superintend
[sù:pərinténd]

동 지휘하다
- *superintend* construction : 건설 공사를 감독하다

superior
[səpíəriər]

형 위의, 보다 높은
- one's *superior* officer : 상관

supernatural
[sù:pərnǽtʃərəl]

형 초자연의, 불가사의한
- super + natural (자연적인) = 자연을 초월하는

supernova
[su:pərnóuvə]

명 초신성

superordinate
[sù:pəró:rdənit]

형 상위의
- *superordinate* concept : 상위 개념

supersonic
[su:pərsá:nɪk]

형 초음파의, 초음속의
- 반 subsonic : 음속보다 느린

supervise
[sú:pərvàiz]

동 관리하다
- super + vise (보다) = 위에서 내려다 보다

supranational
[su:prənǽʃnəl]

형 초국가적인

sur (above, beyond)
~위에, ~을 초월하는

sur	+	face	=	surface
~위에		면		표면

sur	+	plus	=	surplus
~을 초월하는		더하기		과잉

surcharge
[sə:rtʃɑ́:rdʒ]

명 과중한 적재, 부당 청구
- sur + charge (부과하다) = 초과해서 부과하다

surface
[sə́:rfis]

명 표면
- sur + face (면) = 표면

surpass
[sərpǽs]

동 ~보다 낫다
- *surpass* one's expectation : 기대 이상이다

surplus
[sə́:rplʌs]

명 나머지, 과잉
- sur + plus (여분) = 여분을 초과함

surreal
[sərí:əl]

형 초현실적인
- sur + real (현실) = 현실을 뛰어넘는

surrender
[səréndər]

동 내어 주다, 항복하다
- **동** yield : 굴복하다, 포기하다, 양보하다

surrogate
[sə́:rəgèit]

명 대리인
- *surrogate* vehicle : 대체 차량

survey
[sə:rvéi]

동 내려다보다, 조사하다
- a field *survey* : 현지 답사

survive
[sərváiv]

동 ~의 후까지 생존하다
- **동** outlive : ~보다 오래 살다

일빵빵 + 말·머·리·붙·잡·기 영어단어

sym / syn
(with, together)
~함께, 공동의

---

sym + **pathetic** = **sympathetic**

~함께 / 애처로운 / 동정적인, 공감을 나타내는

syn + **(e)nergy** = **synergy**

~함께 / 기, 기력 / 상승 작용

sympathetic
[sìmpəθétik]
- 형 동정적인, 인정 있는
  - a *sympathetic* look : 애처로운 표정

sympathize
[símpəθàiz]
- 동 동정하다, 공감하다
  - *sympathize* with a person : ~를 동정하다

sympathy
[símpəθi]
- 명 동정, 위문, 동감
  - 반 antipathy : 반감, 혐오

symphony
[símfəni]
- 명 교향곡, 심포니

symposium
[simpóuziəm]
- 명 토론회, 심포지엄
  - hold a *symposium* : 학술회의를 개최하다

synchronize
[síŋkrənàiz]
- 동 동시에 발생하다
  - *synchronize* with ~ : ~와 동시에 발생하다

synergy
[sínərdʒi]
- 명 협력 작용, 상승 작용
  - *synergy* effect : 시너지 효과

synonym
[sínənim]
- 명 동의어, 유의어
  - 반 antonym : 반의어, 반대말

synthesis
[sínθəsis]
- 명 종합, 통합
  - 반 analysis : 분석

tele

(far, from, afar)
원거리의, 장거리의

---

tele	+	pathy	=	telepathy
원거리의		감정		텔레파시

tele	+	scope	=	telescope
원거리의		시야		망원경

telecommunication [tèləkəmjùːnikéiʃən]	**명** 원거리 통신 • tele + communication (통신) = 원거리 통신
telegram [téləgræm]	**명** 전보, 전신 • tele + gram (기록, 그림, 문서) = 원거리 문서 전달
telegraph [téləgræf]	**명** 전신, 전보 • tele + graph (기록, 그림, 문서) = 원거리 문서 전달
telepathy [təlépəθi]	**명** 텔레파시, 정신 감응 • exchange *telepathy* : 텔레파시를 주고받다
telephone [téləfòun]	**명** 전화 • tele + phone (음성) = 전화
telescope [téləskòup]	**명** 망원경 **반** microscope : 현미경
telescreen [téləskrìːn]	**명** 텔레비전 수상면 • tele + screen (화면) = 텔레비전 수상기
televise [téləvàiz]	**동** (텔레비전으로) 방송하다 • tele + vise (보다) = 방송하다
television [téləvìʒən]	**명** 텔레비전 • tele + vision (시각) = 텔레비전

(four)
넷의, 네 가지의

tetra + gon = tetragon
넷의 　 −각형 　 사각형

(three)
셋의, 세 가지의

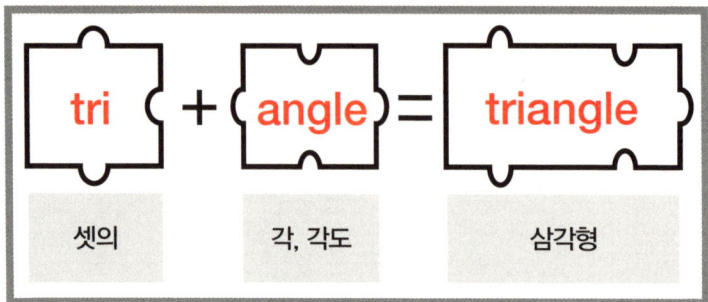

tri + angle = triangle
셋의 　 각, 각도 　 삼각형

tetragon
[tétrəgàn]

명 사각형
- a regular *tetragon* : 정사각형

triangle
[tráiæŋgəl]

명 삼각형
- a right *triangle* : 직각삼각형

triathlon
[traiǽθlɑn]

명 3종 경기

tricentennial
[tràisenténiəl]

형 300년의
- tri + centennial (100년마다의) = 300년의

trident
[tráidənt]

명 삼지창

triennial
[traiéniəl]

형 3년간 계속하는, 3년마다의
- tri + ennial (annual) (해마다의) = 3년마다의

Trinity
[tríniti]

명 삼위일체
- the *Trinity* : 성부, 성자, 성령

trio
[trí:ou]

명 삼중주

triple
[trípəl]

형 3배의, 세 겹의
- *triple* crown : 3관왕

(across)
이전하여, 변형시키는

trans + form = transform

이전하여   형성시키다   변형시키다

trans + plant = transplant

이전하여   심다   옮겨 심다, 이식하다

transfer
[trænsfə́:r]

통 옮기다 **명** 이동, 이전
- *transfer* fee : 운동선수 이적료

transform
[trænsfɔ́:rm]

통 변형시키다, 바꾸다
- trans + form (형체) = 형체를 변형시키다

transgender
[trænzdʒendər]

형 트랜스젠더의
- trans + gender (성) = 성을 바꾸다

transit
[trǽnsit]

명 통과, 통행 **통** 횡단하다
- *transit* duty : 통과세, 통행세

translate
[trænsléit]

통 ~을 번역하다
- *translate* from French into English : 프랑스어에서 영어로 번역하다

transmit
[trænsmít]

통 보내다, 발송하다
- trans + mit (전하다) = 발송하다

transparent
[trænspéərənt]

형 투명한
- opaque : 불투명한

transplant
[trænsplǽnt]

통 옮겨 심다, 이식하다
- trans + plant (심다) = 이식하다

transport
[trænspɔ́:rt]

통 수송하다, 운반하다
- *transport* goods : 화물을 운송하다

thermo (heat)
열, 온도

thermo + **dynamics** = **thermodynamics**

열   역학   열역학

thermo + **stat** = **thermostat**

온도   장치   온도 조절 장치

thermodynamics
[θɜːrmoʊdaɪnǽmɪks]

명 열역학
- law of *thermodynamics* : 열역학 법칙

---

thermogenesis
[θə́ːrmədʒénəsis]

명 열 발생
- thermo + genesis (발생, 창생) = 열 발생

---

thermogram
[θə́ːrməɡræ̀m]

명 온도 기록도
- thermo + gram (기록, 도표, 문자) = 온도 기록도

---

thermograph
[θə́ːrməɡræ̀f]

명 온도 기록계
- thermo + graph (기록, 도표, 문자) = 온도 기록계

---

thermometer
[θərmɑ́mitər]

명 온도계
- thermo + meter (측정법) = 온도계

---

thermos
[θə́ːrməs]

명 보온병

---

thermostable
[θə́ːrməstéibl]

형 내열성의
- thermo + stable (안정적인) = 내열성의

---

thermostat
[θə́ːrməstæt]

명 온도 조절 장치
- electric *thermostat* : 전기 온도 조절기

---

thermotherapy
[θə́ːrməθérəpi]

명 열 요법
- thermo + therapy (치료법) = 열 요법

un (not, remove)
~이 아닌, ~이 없는

un + conscious = unconscious
~이 없는 / 의식적인 / 무의식의, 의식이 없는

un + even = uneven
~이 아닌 / 평편하다 / 평탄하지 않은

unanimous
[juːnǽnəməs]

형 만장일치의
- a *unanimous* vote : 전원 일치의 표결

uncommon
[ʌnkámən]

형 흔하지 않은
- an *uncommon* case : (보기) 드문 경우

unconscious
[ʌnkánʃəs]

형 무의식의, 의식이 없는
- be *unconscious* of danger : 위험을 깨닫지 못하다

uneven
[ʌníːvn]

형 평탄하지 않은, 걸맞지 않는
- an *uneven* surface : 울퉁불퉁한 표면

unpromising
[ʌnpráːmɪsɪŋ]

형 가망이 없는
- be *unpromising* : 가망이 없다

unseen
[ʌnsíːn]

형 보이지 않는, 즉석에서 하는
- an *unseen* translation : 즉석 번역

unstable
[ʌnstéɪbl]

형 불안정한
- *unstable* zone : 불안정 지대

unwary
[ʌnwéri]

형 부주의한, 방심하고 있는
- an *unwary* foe : 방심하고 있는 적

unwilling
[ʌnwílɪŋ]

형 내키지 않는
- be *unwilling* to go : 가고 싶어 하지 않다

uni

(one, single)
하나의, 하나로 합쳐진

uni	+	corn	=	unicorn
하나의		뿔		일각수

uni	+	form	=	uniform
하나의		외관		제복

unicorn [júːnikɔːrn]	명 일각수 • the *Unicorn* : 외뿔소자리
uniform [júːnəfɔːrm]	형 동일한 명 제복 반 multiform : 잡다한
unify [júːnəfài]	동 하나로 하다, 통일하다 • *unify* a country : 천하를 통일하다
union [júːnjən]	명 결합, 합일 동 unity : 통일
unique [juːníːk]	형 유일한, 독특한 동 only : 유일한
unit [júːnit]	명 단위 • a *unit* price : 단가
unite [juːnáit]	동 결합하다, 맺다 동 join : 결합하다
unity [júːnəti]	명 통일, 조화 • racial *unity* : 민족적 통일
universe [júːnəvəːrs]	명 우주

(instead of)
~ 대신에, 부–

(word)
말, 단어

(back, against)
뒤로, ~에 맞서서

vice-president
[váisprezɪdənt]
명 부통령

veracious
[vəréiʃəs]
형 진실을 말하는

verbal
[və́:rbəl]
형 말의, 말에 관한
• a *verbal* test : 언어 적성 검사

verdict
[və́:rdikt]
명 평결, 답신, 판단
• ver + dict (tell) = 말로 내리는 평결

verify
[vérəfài]
동 ~이 진실임을 증명하다
• *verify* a fact : 사실을 확인하다

vernacular
[vərnǽkjələr]
명 제 나라 말, 국어, 방언
• in the *vernacular* : 방언으로

withdraw
[wiðdrɔ́:]
동 움츠리다, 철수하다, 취소하다, 돈을 인출하다
• *withdraw* money from the bank : 은행에서 돈을 찾다

withhold
[wiðhóuld]
동 주지 않고 두다, 보류하다
• *withhold* one's payment : 지불을 보류하다

withstand
[wiðstǽnd]
동 ~에 저항하다
• *withstand* temptation : 유혹에 저항하다